청소년·부모·교사

실전코칭

(재)미래인력연구원
코칭연구시리즈 2

청소년·부모·교사
실전코칭

조수연 손미향 유현심 이영실 변익상 남상은 성금자 권영애

C O A C H I N G

educo 동화세상 에듀코
www.educo.co.kr

목차

다양한 코칭 툴을 활용한
내면의 변화와 성장
- 개인코칭

참여자들의 역동으로
탁월하고 효과적인 성과 향상
- 그룹코칭

미래 세대를 위한 코칭 사례,
코치·부모·교사의 필독서

김영헌

(사)한국코치협회 회장

지난해 출간된 코칭 사례집 시리즈 1권인 『현장 실전코칭』에 이어 이번에 청소년, 부모, 교사 등을 대상으로 한 두 번째 책이 출간됨을 매우 기쁘게 생각합니다.

제1권이 비즈니스 현장에서 기업의 성과 향상, 인재 육성, 조직 문화 등과 CEO, 임원, 팀장의 리더십 향상 코칭을 주로 다루면서 고등학생, 대학생을 위한 학습 및 진로코칭도 일부 소개되었다고 한다면, 이번 책은 청소년, 청년과 학부모, 교사들을 주로 코칭하는 여덟 분의 전문 코치들이 교육 현장에서 진행한 코칭 성공 사례를 집중적으로 다루었습니다. 이 책의 사례들은 전문 코치들의 깊은 내공을 담은 코칭을 마치 현장에서 직접 보듯이 실감 나게 보여 줍니다.

일생을 걸쳐서 나아가려면 나는 누구인가? 내가 이 세상에 태어난 존재 이유는 무엇인가? 내가 진정으로 이루고 싶은 것은 무엇인가? 나는 무엇을 하는 사람인가? 내가 가장 잘할 수 있는 일은 무엇인가? 나는 사회에 어떤 공헌을 할 것인가? 나는 어떤 로드맵을 그려서 어떻게 실천할 것인가? 등에 대한 성찰이 요구됩니다.

이 책의 사례들은 청소년, 청년들에게 이러한 성찰을 스스로 하게 해 주고 학부모, 교사에게도 도움을 주는 내용입니다. 따라서 같은 길을 가는 코치들에게는 물론 일반인들에게도 매우 활용성이 높다고 생각합니다.

2003년 창립하여 내년이면 20주년을 맞는 ㈔한국코치협회는 지난해 인증코치 1만 명의 쾌거를 이루었습니다. 이제 양적 성장과 더불어 질적 내실화를 꾀하고 있는 지금 우리 코치들의 코칭 기회 확대 및 역량 향상을 위해 온 힘을 쏟고 있습니다. 이에 우리 코치들께서 자신의 전문성을 발휘하여 비즈니스 코칭, 라이프 코칭, 커리어 코칭의 3대 축을 균형 있게 발전시킬 수 있는 유용한 책들이 연속 발간됨을 진심으로 환영합니다.

이 책이 마중물이 되어 앞으로 우리 코치들께서 각자의 분야별 코칭 현장에서의 생생한 사례를 모은 순수 코칭 사례집이 지속 발간되리라 확신합니다. 이 책의 독자 여러분께서도 후배 코치들을 위해 귀중한 사례를 제시해 주신다면 2023년 한국코치협회 20주년을 맞아 발간되는『20주년 백서』에도 게재해 드릴 수 있으리라 생각합니다.

이 책의 필자들에게 다시 한번 감사드리며, 코칭에 각별한 애정과 관심을 갖고 계신 코치들 그리고 우리 사회의 미래를 이끌어 갈 청소년, 청년들과 그들에게 선한 영향력을 선사하는 학부모, 교사들에게도 응원을 드립니다.

한계를 뛰어넘는
존재중심 코칭 파워를 실감하다

안남섭

(사)미래준비 이사장

코로나 팬데믹은 지금까지 경험하지 못한 방식으로 우리의 삶을 변화시키고, 우리는 적응하기 힘들 정도로 급속히 변하는 문명 대전환의 시기를 통과하고 있습니다. 한편 최근 급속히 확산되고 있는 BTS, 드라마, 영화 등 대중문화를 통한 세계적인 인기에 힘입은 한류 문화의 확산은 어느 때보다 우리에게 자신감과 자부심을 갖게 합니다.

새로운 가능성과 기회를 찾아 문화 선도국으로 도약해야 하는 시점에 고속압축 성장의 그림자는 우리에게 삶의 성찰과 도전을 동시에 요구하고 있습니다. 2021년 11월 PEW 조사에 의하면 경제 선진국 중 한국이 유일하게 물질적 웰빙이 삶의 목적과 의미로 나타나 부끄러운 우리의 모습을 보여 주었습니다. 세계를 리드하는 문화 선도국이 되기 위해서는 정신 문명과 물질 문명의 균형이 강력히 요구됩니다.

자연과의 공존, 파트너와의 공생, 전 지구적 차원과 다음 세대를 위한 공영을 지향하는 공익 기업과 조직들이 나타나고, 지속 가능한 ESG

경영 평가 기준의 도입과 사람 중심 신뢰 기반의 목적 경영이 새로운 흐름을 만들어 가고 있습니다. 다행히 초지능 초연결 초융합으로 급속하게 변화하고 있는 초VUCA 시대에 20년 전 우리 사회에 처음 소개된 코칭이 이러한 시대 흐름에 맞추어 각 분야에서 새로운 대안으로 활발하게 소개되고 접목되고 있습니다.

코로나 팬데믹 이후 비대면 상황이 지속되며 우리의 삶의 방식과 학습 방식도 크게 바뀌고 있습니다. 환경과 소득 격차로 인한 기회의 불균형으로 인한 학습 격차도 커지고 있습니다. 그러는 한편 메타버스 환경에서 시공간을 뛰어넘어 재미있게 몰입하며 주도적으로 즐겁게 학습할 수 있는 새로운 학습 플랫폼과 환경이 빠르게 갖추어지고 있으며 국경을 뛰어넘어 함께하는 글로벌 협력 학습도 중요해지고 있습니다.

과도한 입시 경쟁 위주의 변하지 않는 교육 현실에서, 청소년들은 두려워하고 청소년을 둔 부모들은 불안해하며 교사들은 새로운 환경에서 적응하며 대응하느라 번아웃되는 모습을 보이고 있습니다.

인성과 실력을 갖춘 창의적인 글로벌 인재와 세계 시민을 육성하기 위해서는 코칭적 접근을 시도하는 코치형 부모가 되어야 하고 청소년들의 재능을 적기에 조기 발견하고 자신만의 꿈을 구체화시켜 삶의 목적과 의미를 연결시켜 주는 청소년기 맞춤형 코칭이 필요합니다.

지난해 출간된『현장 실전코칭』은 다양한 분야에서 활동하는 미래를 준비하는 전문코치들의 현장 코칭 사례로서 한국코치협회의 우수 도서로 선정되기도 하였습니다.

이번에 출간되는 『청소년·부모·교사 실전코칭』은 우리의 발목을 잡고 있는 기존 교육 방법의 한계를 극복하며 새로운 가능성을 모색하기 위해 청소년과 부모 코칭 위주로 진행해 온 전문 코치들의 현장의 생생한 실전 사례를 공유하자는 차원에서 기획되었습니다. 좀 더 세분화된 분야의 사례를 통해 사람 존재중심 코칭의 파워를 체험하고 공유하는 것이 중요하다고 생각합니다.

과거의 지식과 방식이 더 이상 작동하지 않는 상황에서 청소년들과 자녀들의 미래를 고민하는 부모와 교사들에게 미래 교육의 준비를 위해서는 코칭적 접근으로 영감을 주고 자신감을 주며 함께 힘을 모아 도전해야 희망이 있습니다.

우리가 현장에서 찾아내고 도전하며 실천한 코칭적 접근의 새로운 K-교육 방향과 방법론은 세계를 리드하는 글로벌 인재 육성과 건강한 세계 시민 양성에도 기여하리라 기대합니다.

이번 사례 연구와 출판을 지원해 준 (재)미래인력연구원에 감사드리며, 다양한 방법으로 삶의 현장에서 청소년과 부모, 교사 대상 전문 코치로서 실천한 경험과 지혜를 나누는 의미 있는 작업을 함께해 주신 공저자 여러분들의 노고에 감사드립니다.

2022. 10

COACHING ————————————————————

다양한 코칭 툴을 활용한
내면의 변화와 성장

개인코칭

중학생과 부모를 위한
에니어그램 코칭

조수연

1. 문제 상황

코칭으로 만난 중학교 2학년생 훈이는 강제 전학 명령을 받은 상태이다. 이로 인해 가족과 학생 본인이 충격과 좌절감에 놓여 있었다. 훈이는 3학년 일진 학생들과 연계되어 있는 2학년 학생이다. 이 학교는 훈이만 전학 가면 문제가 없어지리라는 기대를 가진 것 같았다.

훈이는 시골에서 초등학교를 마치고 서울로 이사와 서울의 중학교에 입학했었다. 초등학교 때는 각종 교내외 활동에 참여해 상도 받고 긍정적 경험들을 많이 했으나 중학교에 와서 훈이는 새로 만난 친구들과 어울려 다니다가 어떤 상황을 계기로 1학년 초에 자기도 모르게 2

학년 일진 학생들에게 엮이게 된다. 키가 또래에 비해 훤칠하게 크고 눈에 뜨이게 외모가 수려한 훈이가 2, 3학년 일진 학생들의 눈에 들어온 것이다. "전학 가는 게 제일 싫어요."라고 훈이는 말한다.

2. 발달 특성 바라보기

훈이는 중학교 2학년 학생이다. 중2는 발달의 불균형이 일어나기 쉬운 시기이다. 신체 발달은 어른 수준으로 달려가나 아직 전전두엽의 발달은 성인 수준에 미치지 못하므로 통합된 사고가 잘 안 일어날 수 있다. 행동은 크나 충분한 사고를 하지 않은 행동이 일어날 수 있는 시기이다. 결과 예측과 인과 관계에 대한 충분한 사고를 하지 않고 한 행동이 타인에게 심한 피해를 줄 수도 있고, 결국 자신에게도 피해가 돌아오게 될 수도 있다. 인지발달이론가 피아제(J. Piaget)는 이 시기가 추상적 사고의 발달이 시작되는 시기로, 교육적 경험들이 사고의 발달을 촉진할 수 있다고 말한다.

자신에게 예기치 않은 일이 일어날 때는 주의를 기울여 그 문제의 원인을 생각해 보고, 타인의 관점에서 바라보기도 하며, 인과 관계를 따져 생각해 볼 수 있다. 코칭, 집단상담, 정서 지능 교육 등의 전문적 접근이 이루어지면 중2 학생의 생각하는 능력과 타인 공감 능력이 그만큼 발달될 수 있다. 그러면 다음에는 행동하기 전 선택을 더 잘 자각하게 되고, 선택의 결과를 예견하는 능력이 더 발달되어 문제 행동이 일어날 가능성이 적어진다. 이 시기의 문제 행동을 비행으로 분류해 심한 벌을 주는 것은 자칫 청소년의 자기 인식에 심한 왜곡이 일어날 수 있으며, 청소년의 작은 문제 행동이 더 큰 문제 행동으로 증폭되는 출발점이 될 수도 있다. 그러므로 돌보는 어른들의 주의 기울이기와 섬세한 문제 해결 접근이 필요한 지점이다.

3. 중학교 조직 바라보기

"전학 가는 게 제일 싫어요."라고 말하는 훈이에게 전학은 학교에서 혼자 왕따 되는 경험이었을 것이다. 학교는 몇 백 명의 학생들을 관리하므로 학생들 개개인을 섬세하게 관찰하여 개별적 지도를 하기보다 통제 중심으로 운영되기 쉽다. 특히 중고등학교는 교과목별 교사가 다르므로, 담임이 학생을 관찰할 기회가 적다. 아무도 관찰하지 않는 가운데, 문제가 발생하면 학교는 학생들의 성장과 학교 적응을 위한 돌봄의 과정을 선택하기보다 결과 중심으로 가장 빠르고 간단한 통제 방법을 선택할 수도 있다.

갈등 상황에서 '격리' 자체는 갈등을 중단하는 빠른 방법이기는 하지만, 일시적 격리와 함께 봉사와 집단상담 등을 통한 자기 성찰과 관계 회복 방향의 조치가 아닌 강제 전학과 같은 극단적 격리는 학생에게 심한 심리적 후유증을 남기며, 학교 담당자들은 학생 지도의 방법들을 발전시킬 기회를 놓쳐 버릴 수도 있다.

학교가 학생에게 책임 있는 개입을 하려면 전문적인 자원이 필요하다. 일선 교육청에서 주관하는 교장, 교사들의 코칭교육 연수에 참여한 경험이 있는 필자의 입장에서 볼 때, 교장과 교사 코칭교육은 학생지도에 변화를 가져올 것이 분명하다. '모든 인간은 생각할 수 있다. 모든 인간은 답을 스스로 찾을 수 있다. 모든 인간은 선택할 수 있다.'는 인본주의 교육 및 상담의 기본 가정은 코칭의 신념이기도 하다.

4. 에니어그램 코칭 관점에서 보기

1) 아홉 가지 빛깔과 감각 발견

꽃들의 색깔이 다른 것처럼 사람 또한 그 빛깔이 다르다. 꽃을 바라볼 때 특별한 렌즈를 필요로 하지 않는다. 개나리의 노랑 빛깔이 보이고, 진달래의 빛깔이 보인다. 사람의 빛깔은 너무도 오묘할 뿐 아니라 평생 동안 피어나는 꽃처럼 오랫동안 삶을 통해 드러나므로, 삶의 어느 시점에서 사람을 있는 그대로 바라보기란 쉽지 않다.

에니어그램은 나와 너의 빛깔을 있는 그대로 바라볼 수 있는 창을 가지고 있다. 있는 그대로 바라볼 수 있으면 나와 너의 다름을 섬세하게 알게 되어 사람을 이해할 수 있다. 인간은 어둠에서 빛으로 나아가는 독특한 감각을 가지며 그 빛깔은 삶에서 지속되는 경향이 있다.

자녀가 자신과 다르다는 것을 모르는 부모는 사랑의 이름으로 자녀에게 폭력을 가할 수도 있다. 지도자가 사람의 빛깔을 알 때 한 사람한 사람에 대한 깊은 이해와 가능성에 대한 신뢰를 가지고 상호 작용하게 된다. 학생은 자신이 어떤 사람인지 발견되고 격려 받을 때 온전히 자기 자신으로 살아갈 용기를 갖게 된다. 자기가 어떤 존재인지 기억하는 것(Sellf remembering)은 에니어그램 수련의 중요한 주제이다. 모든 생명체는 성장 에너지를 내재하고 있으며, 모든 나무는 성장하며, 모든 꽃은 아름답다. 그리고 인간은 독특한 아름다움을 피워 낼 내적 준비가 되어 있다.

언제 어디서든 자기를 기억(Self remembering)하라.

- 구르지예프[1] -

2) 자기 관찰(Self observation)

에고의 욕구가 자신의 의지에 반해서 심하게 좌절될 때는 오래된 에고의 손익 계산과 계획의 소용없음이 증명되는 한계 상황, 제로 포인트의 시점이다. 이때는 오래된 에고의 껍질이 깨어져 나가, 사람이 성숙하게 되는 계기가 될 수도 있다. 자각할 때 삶의 위기는 성숙의 기회

---

1)   구르지예프(Gurdjieff, Georgei Ivanovich, 1874~1949) 현대 에니어그램의 리더. 『위대한 만남을 찾아서』를 씀. 실제로 위대한 만남을 찾아서 제자들과 세계의 종교 순례를 했으며 마침내 프랑스에서 〈Institute of Harmonious Humanbeing〉을 열어 영적수행을 안내함 .

가 되기도 한다. 이때 더 이상 과거의 에고 패턴에 갇혀 있지 않은 자유로운 인간으로 다시 태어나기도 한다. 프랑스의 교육 철학자 루소(J. Rousseau)는 인간이 일생에 세 번 태어난다고 했다. 처음에 몸으로 태어나고, 다음 사회인으로 태어나고, 마침내 영혼으로 태어난다는 것이다.

중2의 청소년은 사회화되어 가는 과정에 있으므로 그 정도를 기대하는 것이 무리일 수 있지만, 결정적인 때에 자각(awareness) 또는 자기관찰(self observation)과 함께 새로운 선택을 하는 것이 가능할 수 있다. 코칭은 자기의 내적 의도와 열정을 알아차리도록 돕는 점이 있는 작업이므로 코칭이 도움될 수 있다. 이 시기의 문제 행동을 예방하거나 일어난 다음 다시 같은 행동을 하지 않게 하는데 코칭 대화는 효과를 가질 수 있으며, 이 시기의 인지 발달을 촉진하여 인지 발달과 신체 발달 간의의 불균형을 어느 정도 완화하는 데도 긍정적 작용을 할 수 있다.

> 인간의 가능성은 무한하다. 그러나 잠자는 의식으로는 아무것도
> 이룰 수 없다.
>
> – 구르지예프[2] –

---

2) People Who Hunger and Thirst for Truth, Views from the Real World: Early Talks of Gurdjieff, Gurdjieff International Review, Fall 2000.

3) 패턴 알아차림과 멈춤

　에니어그램 아홉 가지 유형은 아홉 가지의 빛깔 또는 아홉 가지 감각이기도 하지만, 한편 그 감각을 가진 사람은 자신을 그 유형 특유의 에고 패턴에 가두어 버릴 수도 있다. 어린 시절 어려운 삶의 조건을 헤쳐 나가며 외부 세계에 대한 도전의 감각을 발달시켜 온 사람은 모든 상황에서 불도저처럼 밀어붙이는 패턴으로 인해 가까운 사람을 공감하며 돌보는 사랑의 감각 발달이 지체되어 타인을 힘들게 하고, 결국 스스로를 곤경에 빠뜨릴 수도 있다. 에니어그램 창은 이러한 에고의 패턴을 알아차리는 데 도움을 준다.

　개체 나를 보존하려는 의식, 에고(ego)가 현실 세계에서 살아 내기 위한 효과적인 방법으로 여겨, 어떤 생각 감정 행동의 패턴을 습관적으로 사용하게 되면, 어떤 상황에서는 문제를 만드는 경우가 일어난다. 문제 상황은 때로 잘 알아차리지 않은 자동 반복적 행동의 결과로 생기는 경우가 있다. 성인들의 경우 건강, 돈, 명예 등을 잃을 때가 그렇다. 청소년들은 학교에서 심한 벌을 받을 때, 정학 또는 강제 전학과 같은 경험을 할 때가 그와 같은 예이다.

　문제 상황은 패턴을 멈출 수 있는 기회이고 바람직한 새로운 행동을 시작할 수 있는 출발점이 된다. 중학생의 일탈 행동 또한 그와 같이 될 수 있다. 멈춤(Stop) 수련은 에니어그램 수련의 중요한 주제이다. 멈출 때 자신이 무엇을 하고 있었는지 더욱 명료하게 알아차리게 된다. 또한 새로운 것을 시작할 수 있다.

멈춤(Stop) 연습은 온전한 인간을 만드는 가장 기본적인 수련이다.

- 구르지예프 -

4) 세 가지 에너지 센터, 균형과 통합

에니어그램으로 바라보면 머리, 가슴, 장의 세 가지 에너지 타입이 보인다. 아홉 가지 또는 그 이상의 에너지 빛깔은 세 가지 에너지 센터의 뿌리에서 나온다. 머리, 가슴, 장의 에너지 센터는 우주의 에너지 법칙이 작동하는 각기 다른 에너지의 중심이다.[3] 사람에 따라 어떤 에너지 센터가 더 활성화되어 있고, 다른 센터가 덜 활성화되어, 머리형, 가슴형, 장형으로 나뉘어지는데, 에너지 타입에 따라 욕구와 인식과 소통의 언어가 다르므로 성격 타입으로 불리기도 한다. 장 에너지 타입은 신체적 힘이 넘쳐 타고난 일꾼이라 할 수 있다. 가슴 에너지 타입은 가슴의 감동이 잘 일어나는 가슴이 따뜻한 사람들이다. 머리 에너지 타입은 생각하는 사람들이라 할 수 있다. 개체 보존 의식인 에고(ego)는 생존을 위해 이 자원을 과도하게 사용하려고 하는 경향이 있어, 에너지 자원 또한 패턴으로 굳어지는 경향이 있다.

지구상의 성인들은 세 가지 에너지 센터 가운데 어느 하나에서 우주를 경험하고 발견을 살며 또 가르쳤다. 구르지예프(G. Gurdjieff)는 기

---

3)   조수연, 2015. 『이미 그대는 충분하다; 자유로운 영혼을 위한 일상의 알아차림』 궁리, 223~228쪽.

독교를 가슴의 종교, 불교를 머리의 종교, 이슬람을 장의 종교라 불렀다. 종교가 된 성자들은 특정의 에너지 자원을 더 많이 가지고 있었지만, 세 가지 에너지가 조화롭게 발현되는 성숙 지점에 이르러 살았던 전인이었다.

세 가지 힘의 불균형 패턴은 일종의 불구 상태이므로 현실 세계에서 살아가는 데 불편함이 되고 문제를 일으킬 수도 있다. 반복적으로 일어나는 생각, 감정, 행동 간의 연결의 끊어짐이 반복되는 동안 패턴화되어 있다. 생각만 하고 행동하지 않기, 생각 없이 행동하기, 감정은 앞서는데 계획없이 행동하다 증발되기 등이 그것이다. 코칭은 생각 감정 행동의 연결과 통합에 이르는 효과가 있다.

5) 학교에서 어려움을 겪는 아이들

학업 성취가 중요하며 성적순으로 줄 세우는 한국 중·고등학교 환경에 적응하기 어려운 아이들이 많다. '공포자', '수포자'는 학교 부적응의 다른 이름이며, 집단 따돌림과 학교 폭력 또한 학교 부적응의 다른 모습이다.

학교의 공식적 교육 과정은 학생을 전인적으로 교육하는 목표를 가지고 운영되지만, 잠재적 교육 과정, 즉 학생이 학교생활에서 경험하는 것은 그와 다를 수도 있다. 대학 입시와 가까워지는 중학교 고등학교에서 학업 성취에 따라 학생이 분류되는 동안, 학생은 자신에 대한 개념 정의를 받아들이도록 하는 분위기가 된다. 그 개념 정의들 가운데 "나는 잘 못하는 사람이다.", "나는 실패자다." 등이 있다. 학교의 권위가 암묵적으로 강요한 '인지 왜곡'에서 벗어나는 것이 어떤 학생들에게는 절박하게 필요하다. 오랜 학교생활로 인해 심해졌을 수도 있는 인지 왜곡이 수정되면 자신의 정체성 회복이 일어나, 아이들은 거친 삶의 파도를 헤쳐 나갈 힘과 열정을 회복하게 된다.

힘에의 욕구가 유독 많은 장 에너지 아이들은 중·고등학교에서 다양한 활동으로 인정받을 기회가 있지 않은 경우, 일진 등의 이름으로 집단을 만들어 그 아이들 가운데서 기를 펴는 경험을 할 수도 있는데, 학교의 규칙과 상충되는 경우가 발생할 수도 있다. 미국의 학교들은 한 반의 학생들이 돌아가며 일정 기간 반장 역할을 맡아 전체 학생들을 리드해 보는 경험을 제공하기도 한다. 슈타이너(R. Steiner)가 창설한 독일의 발도르프학교는 교과 과정이 비경쟁적인 방식으로 운영되며, 담임이 8년간 같은 학생들을 책임지며 학생을 개별적으로 관찰하고 소통하는 가운데 학생 개개인에 대한 존중을 지켜 나간다. 학생들은 매일 아침 담임 선생님과 눈을 마주치고 악수를 하며, 자신이 어떤 존재인지 상기하게 되는 영혼의 시를 매일 아침 함께 암송한다.[4]

몇 년 전 중학교를 자퇴하고 고입 검정고시를 준비하는 10대를 만났다. 정이는 엄마와 매일 싸우고 화를 낸다고 엄마가 고통을 호소해, 1회의 코칭 대화로 만났다. 에너지와 열정이 많은 사람인데 적절한 방향을 찾지 못하면서 분노 폭발에 에너지가 새어 나가고 있었다. 몸집

---

4)   조수연, 2015, 177~178쪽.

이 건장한 여학생으로 외향 공격의 장 에너지 타입으로 보인다. "너가 학교에서 정말 힘들었을 거 같아."라고 공감하고, "다른 사람이라면 싫은데도 억지로 힘을 잃으면서 그 자리에 있었을 텐데, 박차고 나오는 것도 용기야. 너는 참 솔직하고 용기 있어." 정이는 모처럼 자신을 있는 그대로 바라봐 주는 어른 앞에서 얼굴에 밝은 빛이 올라온다. 무엇을 원하는지 물어보고 이야기를 듣고 나서 "정이는 남들이 쉽게 도전하기 어려운 목표에 도전할 수 있는 사람이야. 다른 사람은 못하는 걸 해낼 수 있는 사람이야."라고 내재된 가능성을 읽어 주었다. 이 학생은 학교에서는 공부 잘하는 아이들 순서대로 줄 서는 분위기에서 움츠러들어 에너지를 떨어뜨리는 상황을 견딜 수 없었던 것이다.

며칠 후 "기적이 일어났어요."라고 그 엄마가 말했다. 딸은 다음 날부터 다른 사람이 된 것처럼, 아침에 일어나 가방을 챙겨 검정고시 학원에 나가 공부를 한다. 엄마에게 더 이상 분노 폭발을 하지 않는단다. "한국의 학교는 안 맞아. 나는 유학 가겠어."라고 엄마에게 결연한 의지를 표현했다. 고입 검정고시에 합격하고 유학을 갔다. 아주 우수한 학생으로 씩씩하게 고등학교를 마치고 대학 생활을 하고 있다는 전언을 들었다. 다행스러우면서도 우리나라의 학교가 다양한 에너지 타입 아이들의 욕구를 배려해 적응할 수 있는 방식으로 운영될 수는 없을까 하는 생각을 해 본다.

6) 에니어그램 코칭

코칭은 생각, 감정, 행동의 일체를 가져온다. "무엇을 원하세요?"라는 질문은 미처 표면 의식이 알아차리지 못했던 원하는 바를 표면화시키고 구체화시키는 힘을 가진다. 목표를 명료하게 한 다음, "그것을 이루는 것은 자신에게 어떤 의미가 있나요?"라는 질문에 답하려고 하는 동안, 내가 진짜 원하는 게 이런 거구나, 나는 이런 사람구나 하고 알아차리면서 가슴의 열정이 일어난다. 이 질문에 답한 다음 어떤 느낌이냐고 물었을 때 "가슴이 뜨거워져요."라고 대답했던 어느 학생을 기억한다. 다음은 구체적인 계획의 질문을 던진다. "어떻게 하면……."의 질문에 행동으로 옮길 구체적인 계획을 세운다. "가장 먼저 무엇부터 하시겠어요?", "언제 시작하시겠어요?"라고 하면 이제 마침내 행동하지 않을 수 없게 된다. 생각-감정-행동이 분리되지 않은 일체가 일어난다. 생각을 명료히 하고, 동기가 일어나고, 구체적인 계획에 따라 집행하게 될 때, 적어도 이 지점에서 생각, 감정, 행동이 온전히 통합된다. 생각은 다른 데 가 있으며, 아무런 열정이 없이 차갑게 식은 가슴으로 수동적으로 하고 있는 때와는 전혀 다른 사람이 되어 있다. 코칭 질문에 대답하는 동안 생각, 감정이 일체되어 능동적으로 움직이는 사람이 된다.

그로우 모델(GROW Model) 코칭은 머리의 목표와 생각을 명료하게 하고 가슴의 열정을 불러일으켜 행동에 이르게 한다는 점에서 넓은 의미의 에니어그램 코칭이라 할 수도 있다. 청소년이 코칭대화를 경험하면, 생각만 하고 행동하지 않거나, 생각 없이 행동하거나, 가슴의 열정이 구체적 계획과 행동이 없이 증발되는 일이 적어질 것이다.

> 능동적인 내적 일(inner work)에서 확장된 에너지는 즉각적으로 새로운 에너지로 변형된다. 수동적인 일에서 확장된 에너지는 영원히 잃어버린다. 의식적인 일에 사용한 모든 에너지는 투자이다. 기계적으로 사용한 모든 에너지는 영원히 잃어버리는 것이다.
>
> – 구르지예프[5] –

에니어그램 코칭은 격려 코칭의 특징도 갖는다. 에니어그램 창을 통해 바라보면 사람의 독특한 아름다움이 보인다. 독특한 아름다움을 지닌 사람에게 바라보고 발견한 사실을 전하는 것이 격려이다. "너는 용기 있는 사람이야.", "너는 자기가 도전한 일을 끝까지 해낼 가능성이 있어,"라는 격려하기(en-couragement)는 말 그대로 살아갈 용기를 주는 말인 것이다. 필자는 지난 10여 년간 많은 탈북 여성을 만났는데, 에니어그램 창으로 그 사람의 독특한 아름다움을 명료하게 바라볼 수 있으므로, 있는 그대로 바라보고 격려하는 것이 더 가능했다.

그 빛깔을 바라봄으로써 "나는 이런 사람이구나.", "나는 이런 놀라운 점이 있구나." 알아차리는 것은 자신의 정체성 회복에 크게 기여하게 된다. 이것은 자기 기억(Self remambering)을 회복하는 것이다. 너

---

5)   Kenneth Walker, 1957, Gurdjieff´s Aphorism, www.GurdjieffBibliography.com

의 빛깔을 바라보고 너가 어떤 사람인지 기억하고 너에게 전달하는 것은 너의 정체성 확립에 기여할 뿐 아니라, 그 사람의 삶이 독특한 빛깔의 꽃으로 피어나는 데 도움을 줄 수 있다. 이것은 '너를 기억함(You remembering)'이다. 현실 속에 살아가는 동안 자기를 잊어버리기 쉽다. 특히 잘못을 비난하는 환경 또는 성취 결과물이 비교 평가되는 환경에서 사는 동안 나를 잊어버리고 너를 잊어버리고, 다른 이름표로 나와 너를 부르게 된다. "이 감각이 드러났던 때가 언제인가요?"라는 질문으로 이야기를 끌어내는 방법이나 "당신은 주어진 역할을 책임지는데 뛰어나요."라는 직관의 공유와 함께 "어떤 느낌이세요?" 또는 "어떤 생각이 떠오르세요?"라고 초대하는 질문 정도로도 가능하다.

에니에니어그램 코칭은 통합 치유 코칭의 성격을 갖는다. 생각, 감정, 행동에 총체적 변화가 일어나게 함을 추구하는 에니어그램 코칭은 나와 중요한 타자에 대한 오래된 인지 왜곡을 수정하고 부정적 감정의 정체를 풀어내는 것과 함께 새로운 행동 패턴으로 나아가는, 온전한 사람과 삶을 향한 통합적 변화를 지향한다. 이것은 이미 내 안에 있는 지혜와 사랑과 힘의 생명 에너지를 회복함으로써 온전한 사람으로 살아나는 것이다. "버선목을 뒤집은 거 같아요." 하며 오랫동안 어머니에 대한 부정적인 기억과 감정을 가지고 살았던 50대 탈북 여성이 돌아가신 어머니에게 감사의 편지를 쓰는 것은 에니어그램코칭의 통합 치유적인 특성을 말해 준다.

5. 코칭 계획과 진행

코칭의 기본 가정은 내 앞의 사람이 "생각할 수 있다." 그리고 "선택할 수 있다."는 것이다. 에니어그램의 인간에 대한 신념은 "인간은 무한 가능성을 지닌 존재이다.", "그러나 자각하지 않으면 아무 것도 이룰 수 없다."는 구르지예프의 말 그대로이다. 이 시점에서 자신의 선택으로 일어난 결과를 알아차려 찬찬히 들여다보고 생각하는 과정과 새로운 행동의 결단을 가져오는 코칭 대화를 해 본다. 현재의 상황에 압도되어 의식에서 삭제된 기억을 회복하기 위한 코칭 대화, 그리고 에니어그램의 창을 통해 자신의 독특함을 바라보는 코칭 대화를 계획한다.

중2 학생에게 필요한 것은 자신과 삶에 대해 충분히 생각하는 시간을 갖는 것이다. 코칭 질문으로 대화하기는 생각하고 느끼고 행동하는 경험을 통해 발달의 균형을 회복하고 삶의 문제를 풀어 가는 효과를 갖게 될 것이다.

아이들은 부모의 영향권하에 있으므로 자녀의 문제를 다룰 때 부모 면담과 코칭이 이루어지면 더 효과적이다. 자녀와의 코칭 만남도 어머니를 통해 이루어졌으며 어머니는 부모교육과 코칭에 적극적으로 참여하려는 자세를 가지고 계신다.

1) 부모 에니어그램 면담 및 코칭

어머니가 훈이 문제로 고민하다 에니어힐링센터에서 진행하는 9회의 "부모를 위한 에니어힐링워크숍" 집단 프로그램에 참여하셨고, 8회기의 개별코칭도 진행되었다. 그리고 훈이의 코칭을 의뢰해 4회 진행하고 아버지와의 에니어그램 면담도 1회 이루어졌다.

가족 가운데 한 사람의 문제 상황은 가족 구성원이 그동안 알아차리지 못했던 각자의 반복적 패턴을 알아차려야만 하는 계기가 되어, 각자에게 성장의 기회가 될 수 있다. 특히 자녀의 문제는 건강 문제이든 행동 문제이든 부모의 인적 환경의 영향이 큰 가운데 일어난 일이므로, 어머니와 아버지의 적극적인 자기 알아차림을 통해 자녀의 문제가 효과적으로 풀려나갈 수 있다.

아버지는 에니어그램 자기 점검과 코칭 대화를 하면서 군장교로서 장 에너지의 상호 작용 패턴을 사용해 왔음을 알아차리게 되었다. 아버지는 군에서 원칙을 지키는 청렴한 모범적인 장교로서, 부하들에게 엄격한 지도자라고 말씀하셨다. 아버지는 생각과 감정의 소통보다는 행동에 대한 권위적 통제를 하신다는 사실을 새삼 깨달으셨다. 아들에게 "미안하다."는 말을 진심으로 하셨다.

어머니는 개별 치유코칭에서 어린 시절 자신의 경험을 되돌아보는 시간에 "엄마는 나한테 더 엄하셨다. 지금 나도 첫째 아이 훈이에게 더 엄하다."는 사실을 알아차린다. "내가 엄마가 하시던 걸 그대로 반복하고 있구나."라고 말한다. 초등학교에 들어간 다음, 훈이가 자랑스러웠던 순간을 떠올린 어머니는 충청도 전체에서 영어 실력으로 뽑혀 영어 연수를 다녀온 훈이를 떠올리며 "새로운 것인데도 적응을 잘하는 적극적인 어린이." 그리고 "뭐든 하면 잘하고 열심히 했다."라고 표현하며 자랑스러웠다고 한다. 그러나 어머니는 그때 훈이에게 격려의 말을 전하지 않았다며 미안하다고 말한다. 말수가 적은 내향의 장 에너지 어머니는 말한다. "좋은 감정도 싫은 감정도 표현하지 않았어요. 이제 표현하고 싶어요." 훈이는 이제 어머니의 격려를 받게 될 것이다.

2) 중2 자녀 코칭

(1) 돌아보고 자각하기

코치: 학교에서 편하게 지내는 아이들이 있다고 했지? 그 친구들은 어떤 공통점이 있니?

훈이: 끝까지 같이 있어 줘요……. 힘들어도.

코치: 걔가 힘들어하는 점이 뭘까? 어떤 지점에서 힘들어한다면 그건 그 친구가 원하는 게 아니잖아. 너랑 놀고 싶은데, 어떤 지점에서 불편하게 될까?

훈이: 때릴 때,

코치: 어떻게 때리니?

훈이: 막 웃으면서 장난치는데 다른 애들 보기에는…….

코치: 맞은 흔적이 있은 적도 없겠네. 그런데 걔는 힘들었구나.

훈이: 걔는 안 그랬는데 주변 사람들이.

코치: 주변 사람들에겐 폭력적으로 보였나 보다. 그러면 앞으로 너가 학교를 옮기면 자기도 모르게 하게 될 것 같으니 아니면…….

훈이: 이제 안 그래야겠어요.

코치: 그게 상당히 중요한 것 같다. 나는 장난이었는데 상대는 폭력이라고 생각되는 거 말야. 그걸 하면 너는 정말 손해잖아. 그러면 너는 전학까지 가야 하니까. 굉장히 손해지.

훈이: 네…….

코치: 그 상황에서 친구들이 너가 걔를 때린다고 했잖아. 그걸 좀 더 말해 볼래, 어떤 상황이었는지?

훈이: 제가 짱이니까, 둘 다 장난 치는데 저한테만 잘못했다고 야단치고.

코치: 그렇구나. 억울하겠다. 그래서 선생님도 너가 걔를 괴롭혔다고 생각하신거니?

훈이: ……(끄덕).

훈이의 억울해하는 입장을 공감해 준다. 훈이는 선생님이 자기 이야기를 들어주리라는 기대를 하지 않는다. 학교에서 선생님과 개별적 소통의 경험을 하지 않았고 좌절감을 경험한 것으로 보인다.

자신의 행동을 객관적으로 바라보는 코칭 대화를 한다. 장난으로 툭 치는 것이 다른 친구를 힘들게 할 수도 있고, 바라보는 다른 사람들은 폭력으로 생각할 수도 있겠다는 걸 알아차린다. 별 생각 없이 가볍게 한 행동이 다른 사람에게는 어떤 감정을 불러일으키는지 공감해 보고, 자신의 행동이 어떤 결과를 가져왔는지 반추해 생각해 본다. 전학 가면 폭력적으로 보이는 행동을 하지 않겠다고, 그런 선택을 하지 않겠다고 결정한다.

(2) 자각하며 새로운 선택하기

코치: 짱이었잖아. 그게 학교에서 훈이가 강제 전학 가게 된 요인이 된 것 같아. 새로운 학교에 가면 선택할 수 있게 돼. 어떤 선택을 할지 생각해 보자. 짱이 되는 것의 좋은 점은? 짱이 되는 것의 안 좋은 점은?

훈이: 선입견, 짱이어서 선입견이 있어요.

코치: 짱은 좋기도 하지만 불편하기도 하네, 선입견 때문에 너가 옴짝달싹도 못 하고, 학교를 그만둬야 하니까 너를 불편하게 하는 거네. 불편하긴 한데, 어떤 점이 좋은 점이니?

훈이: 일 생기면, 위 학년 형들과 문제가 생기면, 3학년만 관리하는 형들이 있고, 2학년을 관리할 아이들이 없어서 저한테 의지하거든요. 3학년 잘나가는 형들 가운데 아는 형들이 많아서.

코치: 형들이 있어서 너는 든든했지만, 학교는 너에게 낙인을 찍게 된 거구나. 이익이 되면서 한편으로 손해되는 거네. 전학 가면 선택해야 할 것 같다. 든든하지만 학교에서 폭력 쓰는 사람 취급 받는 것을 선택할지 아니면 버릴지. 너는 다른 학교에 가서는 어떤 선택을 할 것 같니?

훈이: 고민돼요.

코치: 고민이구나. 고민을 좀 해 봐라.

자기 행동의 결과 일어나는 일, 짱이라는 것의 좋은 점과 안 좋은 점을 생각해 보는 시간을 갖는다. 어렴풋이 알 수도 있었지만 질문을 받을 때 주의를 기울여 이 문제를 생각해 보기 시작한다.

코칭 대화의 시간에 결정을 재촉하지 않고 시간을 가지고 스스로 생각해 주도적으로 선택해 보는 경험을 하게 된다. 지금까지 힘 있는 형들에게 의존해 동급생들 간의 갈등 해결을 했는데, 학교가 폭력 써클로 취급해 심한 벌을 주는 결과를 경험한다. 이제 어떤 걸 버리고 어떤 걸 취할지 선택해야 하고 선택할 수 있는 기회가 주어진다는 사실을 인지한다. 그리고 훈이는 진지하게 선택을 해 나간다.

3) 에니어그램의 창, 자기 기억(Self remembering)

코치: 카드 세 장을 읽고 이거 나야 하며 밑줄 긋고 싶은 구절을 찾아 읽어 봐.

훈이: 1번, "책임을 맡으면 완벽하게 처리한 다음 만족스러워한다."

코치가 다시 읽으며 그 말을 확인해 준다. "그렇구나." 격려한다.

코치: 그렇게 했던 경험 기억나는 거 있니?

훈이: ······.

코치: 뮤지컬에서 주인공 했던 적 있다고 아빠가 얘기하시던데······.

훈이: 네. 주인공 했어요.

코치: 사람들이 얼마나 좋아했니?

훈이: 많이 좋아했어요. 엄마 아빠도.

코치: 와~, 너는 어떻게 그걸 그렇게 완벽하게 할 수 있었니?

훈이: 대사를 외웠어요. 그리고 매일 연습했어요.

코치: 그렇구나. 너는 완전히 집중해서 매일 최선을 다해 연습했구나. 그게 언제였니?

훈이: 6학년 때요.

코치: 그러면 얼마 안 됐네. 훈이는 자기가 맡은 일에 집중해서 최선을 다하는 사람이구나.

에니어힐링센터에서 사용하는 자기점검지를 주고 체크한다. 장 에너지 1이 높게 나왔다. 전체적으로 외향 에너지가 높게 나왔다. 청소년기에 어떤 유형인가를 알려고 하는데 집착하는 것은 위험하기도 하다. 아직 패턴화되기 전에는 에너지 타입이 더 드러난다. 훈이는 장 에너지가 높고 외향 에너지가 높게 나왔다. 에니어그램 카드에서 가장 나 같은 문장을 읽어 본다. "책임을 맡으면 완벽하게 처리한 다음 만족스러워한다."와 관련된 경험을 떠올려 다시 나를 알아차려 본다.

내가 어떤 사람인지 에니어그램 창에 비추어 나를 되돌아본다. 그런 나를 다시 기억하고 코치의 격려(en-couragement)를 받는다. 학교나 가정에서 또는 훈이를 관찰하는 누군가 어른이 삶의 용기를 주는 말, 격려를 하는 것은 얼마나 중요한가. 그럴 때 내가 어떤 사람인가를 스스로 재정의 한다. 부정적인 낙인찍기 또한 신경 회로에 프로그래밍될 수 있다. 뇌 신경 회로의 신경 가소성으로 인해 그 어떤 일이든 일어날 수 있다. 도토리는 도토리 속의 떡갈나무를 볼 수 없다. 아이들은 자기 안의 큰 사람을 보기 어렵다. 그러므로 그 잠재된 가능성을 말해 주는 누군가가 절실히 필요하다. 바라본 사람의 격려를 받으면 훈이는 자신에 대한 생각을 다시 프로그래밍할 가능성이 높아진다.

4) 미래 비전 갖기

코치: 전학 갈 거잖아. 전학 가서 자기에게 일어날 가장 멋진 모습을 떠올려 봐라. 한 장의 사진처럼 떠올려 봐라. 숨을 편안하게 내쉬고 들이쉬고, 사진이 떠오르니?

훈이: 네 운동장에서 축구를 하고 있어요.

코치: 자기는 어떻게 하고 있니?

훈이: 웃고 있어요.

코치: 그렇구나. 신나게 마음껏 축구하고 있는 모습, 기대되겠다.

코치: 그러면 이제 교실에서, 선생님이 계시는 교실 공간에 있는 나의 가장 멋진 모습을 떠올려 보세요. 한 장의 사진처럼, …… 자, 이제 떠오르니?

훈이: 아니요.

코치: 보이는 게 있니?

훈이: 없어요.

코치: 그렇구나.

미래 이미지에서 교실 밖에서 몸을 움직여 하는 활동들이 떠오른다. 교실 내의 이미지가 안 떠오른다. 아마 안 떠오르는 것이 아니라 지우고 싶은 이미지를 지우는 동안 아무 생각도 나지 않게 되었을 수도 있다. 중학교 교실에서 선생님과의 긍정적 경험을 하지 못했던 것은 아닐까.

중학교 이전 기억, 초등학교 때 선생님과 했던 교실에서의 긍정적 경험을 기억해 본다. 뭔가에 집중해 보고 인정받았던 경험을 되살려 낸다. 그리고 그 과거의 내가 지금도 내 안에 있음을 확인한다. 전면에 떠올라 있던 부정적인 경험들의 기억이 배경으로 가라앉고 의식의 밑바닥에 가라앉았던 기억이 다시 전면에 떠오르게 된다.

5) 삭제된 기억 회복하기 1

코치: 직업 카드 가운데 훈이가 뽑은 직업 카드 생각나니?

훈이: 네. CEO. 회사에서 제일 높은 사람, 회사 운영자 그리고 초등학교 선생님.

코치: 나는 네가 직접 경험했거나 누군가에게서 들었거나 보았던 것에 끌렸을 것 같다고 생각했어. 초등학교 선생님 가운데 너가 가장 기억에 남고 네가 존경하는 선생님이 있니?

훈이: 네.

코치: 한번 기억을 되살려 떠올려 보자. 숨을 내쉬고 들이쉬고…….

훈이: 컴퓨터 앞에 앉아 계시는 모습.

코치: 그렇구나. 선생님의 따르고 싶은 점은?

훈이: 수업하시면서 스케이트 코치도 하셨어요.

코치: 그렇구나. 선생님은 교실에서 수업하시면서 교실 밖에서는 스케이트도 가르치셨네. 선생님이 하셨던 기억나는 말 있니?

훈이: 많이 컸다고 하셨어요.

코치: 언제?

훈이: 학년 올라가서 만나 가지고.

코치: 어떻게 하셨니?

훈이: 웃으면서, 머리 쓰다듬어 주셨어요.

코치: 기분이 어땠니?

훈이: 뿌듯해요. 저 이 직업 카드 빌려 가도 돼요?

코치: 그래, 그래도 돼.

직업 카드들 가운데 뽑았던 베스트 직업은 CEO와 초등학교 선생님이다. 중학교 선생님에 대한 좋은 기억이 없다. 선생님의 인정을 받고 선생님을 존경하는 관계 형성이 안 된 것으로 보인다. 초등학교 선생님이 되고 싶어 할 정도로 초등학교에서 좋은 선생님을 만났고, 긍정 경험들을 한 것으로 보인다. 내가 좋아하고 존경했던 초등학교 선생님의 기억을 다시 불러낸다. 잊혀졌던 초등학교 선생님을 다시 의식의 표면에 떠올려, 학생을 따뜻한 시선으로 바라보고 존재를 인정해 주시던 선생님과 나를 다시 느껴본다. 선생님에 대한 정의와 나 자신에 대한 개념 정의에 어느 정도의 인지적 수정이 일어났을까? 기억 회복 작업을 더 하면서 자기도 모르게 일어날 가능성이 높다.

코치: 선생님과 교실 안에서 했던 경험, 뿌듯한 경험을 했던 순간을
　　　떠올려 봐. 아니 어떤 순간이든 떠오르는 교실 안에서의 경험
　　　떠올려 보세요…….

훈이: 시를 외웠어요.

코치: 생각나니, 어떤 시인지?

훈이: 네. 우송 시.

코치: 그게 뭔데?

훈이: 소년이노 학난성(小年以老 學難成).

코치: 어떤 뜻이니?

훈이: 소년은 쉽게 늙어지고 학문은 이루는 데 시간이 걸린다.

코치: 훈이 너무 훌륭하다. 와~ 훈이는 그런 걸 다 해냈구나. 그때 느
　　　낌은?

훈이: 빨리 외우고 싶어서…….

코치: 그럼 칭찬받았겠네.

훈이: 네, 안 틀렸다고.

코치: 외웠던 구절을 지금도 기억하는 걸 보니, 훈이는 정말 열심히
　　　외웠을 거야. 그 모습이 떠오른다, 최선을 다해 노력하는 모습
　　　말야. 바로 그 아이가 지금도 훈이 안에 있어. 그게 바로 훈이

였어.

훈이: (미소를 짓는다. 얼굴에 자신감이 올라온다.)

중학교에 들어와서 선생님의 인정을 받은 경험이 없다. 서울이라는 낯선 곳에서 초등학생 때 함께 놀던 친구들을 찾아볼 수 없는 중학교에서 생활하는 동안, 일진 선배들과 엮이고, 어울려 다니며 함께 PC방 가고⋯⋯. 그러는 동안 선생님의 비난과 벌을 받으며 선생님과 거리가 멀어지는 경험이 반복되는 동안, 내가 어떤 사람인지, 과거 초등학교 때 나의 기억을 잃어버렸다.

현재의 경험들과 상황들에 압도되어 잃어버린 기억을 회복한다. 구름을 뚫고 햇빛이 환하게 비추던 순간처럼, 내 안의 탁월한 능력이 온전히 드러나던 순간들이 있었다. 내가 나를 온전히 드러냈고 사랑받았던 경험을 기억하고 재경험함으로써 "내가 누구인가?" 하는 질문에 대한 답에도 수정이 일어날 수 있다. 수정된 자기 인식은 다시 내 행동과 생활에 변화를 일으킬 수 있다.

나를 기억하기(Self remembering), 내 안에 이미 있었고, 지금도 있지만 적절한 환경 자극을 만나지 못해 한동안 드러나지 못한 내 안의 나를 찾아낸다. 그리고 내가 그런 사람이지, 다시 정의 내린다. 에니어그램 수련에서 자기 기억하기(Self remembering)는 잃어버린 기억 회복하기를 포함하는 것으로 필자는 본다. 기억은 사실 그대로가 아니라, 어떤 기억은 삭제되고, 어떤 기억은 자동 반복적으로 재생되기도 한다. 말하자면 기억이 편집되어 있기에, 있는 그대로 바라보기에 장

애가 된다. 충격적인 경험일수록 신경 회로의 리프로그래밍 효과가 높아서, 각인된 기억은 내가 어떤 사람인지에 대한 인지 왜곡을 일으켜 오랫동안 인지적 하부 구조를 이루게 될 수도 있다.

사람은 성장 가능성을 지닌 예측불허의 존재이다. 그러나 또한 사람은 생각하는 존재이므로 생각의 감옥에 갇히기도 한다. "오늘 그대의 모습은 과거에 그대가 했던 생각의 한 결과이다."라는 붓다의 2천 년 전 가르침이 오늘날에도 사실이다. 훈이의 경우, 자신에 대한 인식이 학교 조직 또는 그 외의 어른들의 개념 정의가 내사되어 일어난 인지 왜곡에 얽히게 될 수도 있으므로 삭제된 기억 회복 작업이 더 필요하다. 중2 학생이 자신을 있는 그대로 바라보기는 이러한 인지 왜곡 수정을 포함하게 된다.

6. 마무리

코칭 대화를 통해 훈이는 자신의 행동을 자각하며 내가 이런 행동을 반복하고 있었구나, 그래서 이런 일이 일어났구나, 하고 알아차렸다. 중학교에 와서 자기도 충분히 자각하지 못하는 가운데 일어나 반복하게 된 행동 패턴, 힘에의 욕구를 분출했던 행동들로 일어난 결과를 알아차린다. 이제 강제 전학이라는 레이블(label)을 새로운 선택을 할 수 있는 계기로 재정의하면서 전학에 대한 관점 전환이 이루어졌다.

훈이는 전학 학교에서 조심스럽게 적응하며 학년을 마친다. 방학 동안 아르바이트를 하면서 과거에 놀던 친구들과의 시간이 자연스럽게 없어지고, 의도적으로 시간 사용의 패턴을 바꾸어 새로운 생활에 집중하게 되었다. "나는 초등학교 선생님이 되고 싶어." 하며 자기 삶 속의 바람직한 모델인 선생님을 기억해 내어 직업 모델로 떠올리기도 하며, 미래의 직업에 관심을 갖고 탐색하게 되었다. 그와 함께 현재의 나를 미래 지향적으로 재정의하게 되었을 것이다.

모든 인간 안에는 어둠에서 빛으로 나아가는 독특한 감각이 있다. 매일 그 지점에 이를 수도 있지만, 때로는 시간이 걸리기도 하고, 평생의 수련 과제이기도 하다. 훈이는 코칭을 통해 "내가 이런 사람이지." 라고 알아차리고 자기 안의 순수 열정과 삶에의 의지가 일어났던 때의 자기 기억을 통해 현재 학교의 부정적 레이블에 걸려 있던 자신을 바라보는 새로운 관점을 구축해 나가게 되었다. 책임을 다할 건설적인 역할을 찾아서 해 보고 최선을 다해 수행하는 자신을 다시 경험한다. 4회의 코칭은 충분하지는 않았지만, 상황에 대한 관점 전환과 자신에 대한 재해석과 재정의를 어느 정도 일으킨 것으로 보인다.

아버지는 자녀에게 했던 행동 패턴을 새삼 알아차려 미안한 마음으로 새로운 상호 작용의 노력을 하기 시작하셨다. 쉬운 일은 아니지만, 오래된 패턴을 알아차렸다는 사실과 새로 시작한다는 것이 큰 변화이다. 어머니는 이 기회에 더 좋은 부모가 되기 위해 부모교육 및 코칭 프로그램에 적극적으로 참여하면서, 중학교 상담 자원 봉사를 몇 년간 하셨다. 문제를 인지하고 풀어 나가는 경험이 자원이 되어 그 전에는 관심도 없었고 하지 않았던 일을 할 수 있게 된다. 사람은 평생 동안 성장한다. 자각하면서 멈추고 새로운 선택을 해 나가기, 그리고 나를 기억하고 중심을 지켜 살아가기는 평생의 수련이다.

··· **조수연**

현재 에니어힐링센터 소장, 교육학 박사. 2010년부터 에니어그램 기반 코칭과 워크숍을 부모와 교사 대상으로 해 왔다. 그 이전 명지대학교 사회교육원 교수로 20년간 보육교사를 위해 부모교육 인성 지도 등을 강의했다. 2010년부터 ㈔새조위와 함께 탈북여성 교육 및 치유코칭에 참여해 왔으며 다문화 가족 부모 및 청소년을 위한 미술치유코칭을 해 왔다. 교장 교감 선생님을 위한 코칭교육을 대전시 교육청과 2018-2019년에 했다. 2020년부터 현재까지 통일부 남북통합문화센터에서 프로젝트 〈남북 생애나눔 대화〉를 진행해 왔으며, 서울시와 함께 탈북민 가족코칭에 참여하고 있다. 저서로 『이미 그대는 충분하다: 자유로운 영혼을 위한 일상의 알아차림』(2015년, 궁리출판) 등이 있다. 꽃의 빛깔이 다르듯, 인간의 빛깔 또한 다르다는 사실, 모든 인간은 어둠에서 빛으로 나아가는 자신만의 감각을 터득한다는 사실을 에니어그램 워크숍과 코칭을 통해 계속 발견하고 있다.

네이버 블로그: 에니어힐링센터 blog.naver.com/enneahealing-coach
이메일: flowingc@naver.com

Z세대 자립 준비 청년
커리어 개발 공익코칭

손미향

1. 배경

필자는 한국뉴욕주립대학교 초대 커리어개발 센터장이자 연구교수로 재직하면서, 전 세계에서 온 국제 유학생들을 위한 맞춤형 커리어 코칭 프로그램을 개발하였다. 개발도상국 출신 청년들과 대한민국 청년들이 함께 협력하여 선을 이루게 될 4차 산업 시대를 위한 토대를 마련하고자 한 것이었다. 국적과 문화 그리고 언어가 다른 청년들에게 코칭을 통해 '내적 성장'을 도왔고 결국, 성공적인 취업에 도움을 주었다(저서 『시대를 초월한 성공의 열쇠 10가지』 참고).

지난 20여 년간 국제기구, 국제개발협력단체, 과학기술단체, 미국

대학 등 공익을 추구하는 비영리 국제 기관들에서 자원개발 전문가(Development Professional)로 활동하며 우리나라 자립 준비 청년들에 대한 관심도 깊어졌다. 국내이든 해외이든 청년들의 미래에 대한 투자가 세상을 변화시키는 데(HELP change the lives of people) 크게 일조할 것임을 누구보다 잘 알고 있기에, 현재는 난민 청년들을 위한 공익코칭을 하면서, 국제코칭연맹 공익코칭 위원으로도 활동 중이다.

글로벌 영향력을 지니고 인재 육성에 기여하는 전문 코치로서, 특히 의미 있는 자립 준비 청년 공익코칭을 통해 그들의 오롯한 자립을 전문적으로 지원하고 있다. 보호의 울타리를 벗어나 새로운 사회로 발돋움하는 '자립 예정' 청년들이 안정적으로 홀로서기 위해서는 그 무엇보다도 코칭이 필요한 시대가 왔다. 자립 준비 청년들은 우리 사회의 가장 아픈 부분 중 하나라고 생각한다. 정부가 국가의 책임을 강화해 보호부터 자립까지 지원하고자, '보호 종료 아동'에서 '자립 준비 청년'으로 더 당당한 호칭으로 변경하였다. 보호 기간도 만 18세에서 본인 의사에 따라 만 24세까지 연장하여, 보호 종료 시 지급하는 자립 정착금을 1,000만 원 수준까지 확대했고, 또 월 30만 원의 자립 수당을 신설한 데 이어 지급 기간을 보호 종료 후 5년까지로 늘렸다고 한다.

정부도 연장된 보호 기간 동안 청년들이 자신의 적성과 진로를 찾을 수 있도록 맞춤형 진로 상담과 체험 프로그램을 늘리고, 전문 기술 훈련을 확대하고 있다고는 한다. 하지만 그들이 자립하기에는 경제적 지원만으로는 여전히 부족하다는 생각이 든다. 자립 준비 청년도 '나다움'을 가장 추구하고 싶어 하는 Z세대이므로, 가르치려 들기보다는 그들이 스스로 자신의 재능을 찾고 강점으로 삼아 커리어를 개발하도록 돕는 것이 최선이 될 것이다. 청년들이 자신의 꿈이 무엇인지, 그 꿈을 이루기 위해 무엇을 해야 하는지 '스스로' 알 수 있어야 '진정한 자립'이 가능하다. 향후에도 지속적으로 코칭을 통해 특화된 취업 지원 체계를 마련해 사회 진출 기회도 더욱 넓어지도록 적극 지원하길 기대해 본다.

2. 도입

　대학에 진학한 자립 준비 청년들은 학비와 생계비라는 이중고를 겪게 된다고 한다. 지원받은 장학금을 지속적으로 받기 위해서는 성적을 유지해야 하지만 생계비를 벌기 위해 학업에만 집중할 시간은 부족한 현실이다. 국가 장학금과 근로 장학금, 기숙사 지원을 강화하고는 있지만 청년들이 학업에 보다 더 집중할 수 있도록 지자체도 전적으로 지원하면 좋을 것이다. 사실, 자립에 나선 청년들은 사회 경험이 없어 모든 일이 막막하고 함께 고민을 나누고 대화할 사람이 없는 것이 가장 힘든 점이라고 한다. 정서적으로 교류하고 일상을 함께 의논할 수 있는 믿을 수 있는 사람의 존재는 그 자체만으로도 큰 힘이 될 것이다.

　자립 준비 청년 지원 대책의 궁극적 목표는 청년들을 사회의 당당한 주역으로 성장시키는 것이 될 것이다. 그러므로 사회적 관계망 속에서 함께 잘사는 세상에 대한 꿈과 희망을 키워 가는 길에 든든한 전문 코치가 함께하길 소망한다. 강요하거나 평가하기 보다는 '함께 생각하는 파트너'인 코치를 통해, 그들의 생각이 존중 받고 자신의 타고난 재능과 관심 그리고 꿈에 대한 알아차림(Awareness)의 순간이 올 수 있도록 중립적인 질문을 통해 기다려 주는 실질적인 코칭 리더십이 절실하다.

3. 과정

사실, 우리 사회에서 보호 아동과 자립 준비 청년에 대한 관심은 그리 높지 않다. 자립 준비 청년들을 진정으로 자립하게 하는 것은 우리 사회의 따뜻한 관심일 것이다. 첫 회기에서 만난 코치이는, 대학 신입생으로, 첫 만남에서는 매우 조심스럽게 다가왔지만 무척 씩씩하고 꿋꿋하며 밝은 모습으로 임해 주어 고마웠다. 코로나19 상황으로 인해 대면보다는 전화로 다회기 진행하는 동안, 상호 간에 미리 시간을 정해 두고 코칭을 시작했기에 조용한 시간에 집중해서 할 수 있었다.

코치이는 코칭 시작 전 사전 동의서를 제출해 코칭 시 열린 마음으로 참여할 것을 약속해 주었고 코치 또한 전문 코치로서 윤리 규정에 따라 성실히 임하기로 동의하였다. 코칭 회기를 모두 마친 후에는 종결 설문 작성을 통해 마무리하였다. 보호 종료가 끝난 청년의 홀로서기 지원 코칭이므로 자립심과 자존감 향상에 초점을 두어 독립된 객체로서 대하고자 하였다. 무엇보다 매순간 공감으로 대하였고, 부정적 내용보다는 긍정적인 가능성 위주로(Good에서 시작해 Better로) 코칭하였다.

코치이는 커리어 개발과 미래에 대해 궁금해하며, 향후 진로에 대한 고민을 주제로 코치를 찾았다. 대학 신입생으로 학교 생활을 충실하고자 하면서도 경제적 자립에 대한 불안에 마음이 힘든 상황이었다. 먼저, 코치는 코칭을 시작하기 전, 코칭에 대한 이해를 돕고자 카운슬링과 코칭 그리고 컨설팅의 차이점에 대해 설명해 주었다. 낯선 단어에 당황하지 않도록 티칭이나 멘토링과 차이가 있는, 코칭이라는 개념에 대한 이해로 먼저 시작되었다. 선생님처럼 가르치거나 선배처럼 개인 경험을 멘토링하며 나누거나 컨설턴트처럼 전문가의 솔루션을 주지는 않을 것이지만, 코치로서 곁에서 '함께 생각하고 경청하며 편안한 마음으로 답할 수 있도록 중립적인 질문을 할 것'이라고 말해 주었다.

사실, 학생들이 커리어 전문가와 대화를 나누러 올 때는 자신의 프로필 작성, 이력서 제출, 프리젠테이션, 면접 등 눈에 띄는 스킬에 대한 배움을 얻어 갈 것이라는 기대감과 조급한 마음으로 방문하게 된다. 하지만 코치는 서두르지 말고 먼저, 코치이가 스스로 생각을 담을 그릇을 준비하도록 기다려 주고 배려해 주어야 한다. 무엇보다 코치의 역할은 가르치는 자가 아니고 '함께 생각하는 파트너'임을 강조했다. "모든 사람은 창조적이고, 자원이 풍부하고, 전인적"이라는 코칭 철학을 설명하며 '코치이의 가능성에 대한 믿음'으로 코칭을 시작하였다.

첫 회기는 라포 형성과 자유롭게 서로에 대해 알아가는 시간으로, 서로가 마음의 문을 열고 이후 진행 과정에 대한 코칭 철학과 윤리 등을 공유하며 신뢰를 쌓는 시간이 되도록 하였다. 무엇보다 여유 있는 마음으로 자기 소개를 하고 최근 근황을 나누는 것에 집중하였다. 자립 준비 청년의 경우, 특히 마음을 여는 시간이 상대적으로 오래 걸리므로 강요하거나 서두르지 말고 편안하게 대해 주며 기다려 주어야 한다.

아래 코칭 대화는 전체 회기 중 1회기만 포함해, 구조화된 코칭 대화 모델로 대화법을 활용, 코칭을 실행하였다. 고객과의 비밀 보장을 위해 일부 내용을 수정, 보완하였음을 밝힌다.

코치: 안녕하세요? 손미향 코치입니다. 만나게 되어 반가워요.

코치이: 안녕하세요, 저는 ○○입니다. 반갑습니다~.

코치: 오늘부터 우리가 1회기 첫 코칭을 하게 되는데요. 시작하기 전에 호칭은 어떻게 불러 주면 편안할까요?

코치이: 그냥……, 이름을 불러 주시면 좋을 듯해요.

코치: 그래요 ○○ 씨, 오늘 하루는 어떻게 보냈어요?

코치이: 수업 있는 날이어서 수강 신청 변경하고 수업 받고 와서……. 첫 코칭 받는 날이라, 시간 전에 미리 와서 집에서 쉬고 있었어요.

코치: 와우~ 개학을 해서 수업하고 미리 와서 기다리고 있었군요. 코칭 받는 날이라 미리 와서 이 시간을 배려한 마음이 저에

게도 전해져서 기쁘네요. 고마워요! 최근에 혹시 의미 있거나 기억에 남을 만한 일이 있었다면 나눠 주시겠어요?

코치이: 수강 신청도 하고 동아리 모임도 있고 해서 이래저래 많이 바빴어요.

코치: 아하! 그랬군요. 이래저래 바쁜 대학 생활인 것 같은데요. 시작해 보니 마음이 어떠세요?

코치이: 그냥……. 아직은 잘 모르겠어요. 친구도 사귀지 못했고, 코로나19로 인해 온라인으로 많이 활동하고 있어서요. 그래도 오늘 제가 관심 있는 심리학 수업을 듣게 되어 좋았어요.

코치: 그랬군요! 관심 있는 수업을 듣고 좋았다고 말하는 걸 보니, 저는 듣기만 해도 행복해지는데요. 네~ 그럼! ○○ 씨, 우리 함께, 이렇게 기분 좋은 마음을 이어서 코칭을 시작해도 될까요?

코치이의 동의 후, 코치는 윤리 규정을 말하고 코칭을 이어 간다.

코치: 오늘, 어떤 얘기로 대화를 나누어 보면 좋을까요? (주제)

코치이: 커리어 개발에 대해서 얘기해 보고 싶어요.

코치: 그렇군요. 커리어 개발에 대한 관심이 있군요. 그 주제를 이야기하고 싶은 계기가 있었으면 좀 더 구체적으로 이야기해 주시겠어요?

코치이: 아무래도……. 대학을 졸업하면 미래 계획도 세워야 할 것

같은데, 제가 자립한지도 얼마 안 되어서……. 아직 뭘 해야 할지도 모르겠고…… 걱정이 많이 되어요.

코치: 아, 그래요. 자립한지도 얼마 안 되어서 혼자서 걱정을 많이 했군요. 그러니까 대학 졸업 후 미래 계획을 세우고 싶은 것이군요. 어떠세요?

코치이: 네, 맞아요.

코치: 그러시군요, 오늘 코칭 시간이 모두 끝났을 때 무엇을 얻었으면 좋겠다고 기대하세요?

코치이: 사실 지금까지 미래에 대해서는 구체적으로 고민을 해 본 적이 없어서……. 방향을 잡아 가고 싶어요.

코치: 그래요. ○○ 씨는 미래에 대한 방향을 잡아 가고 싶다고 하셨는데요! 자신이 생각할 때 스스로, 어떤 사람이기에 이런 주제를 정하게 되셨을까요? (Being)

코치이: 뭔가……. 저는, 사람들에게 도움이 되는 사람이 되어야 한다고 생각해요.

코치: 아! 사람들에게 도움을 주는 삶을 살고자 하시는군요. ○○ 씨는 정말 멋진 생각을 하는 분이시네요! 꼭 그렇게 되실 거라고 믿어요. 지금 현실은 어떠세요?

코치이: 아직 나이도 어리고, 해 놓은 것도 없는데 뭘 해야 할지도 모르겠고 그냥 마음만 급한 거 같아요.

코치: 그래요! 마음이 급하군요. 그러면 그런 자신에게 격려의 말을 전해 본다면 뭐라고 할까요?

코치이: 음……. "넌, 혼자가 아니야. 잘하고 있어!"

코치: (박수 치며)멋진 자기 선언, 축하해요!! 혼자가 아니야!! 한 번 더 크게 말해 보시겠어요?

코치이: 넌, 혼자가 아니야, 잘하고 있어. 잘 될 거야!

코치: 와~ 그 말에서 꼭 이루고 싶다는 강력한 의지가 느껴지네요! 미래에 대한 방향을 잡고 싶다는 주제를 달성하기 위해, 그러면 오늘 코칭 세션의 목표를 ○○ 씨의 언어로, 한 문장으로, 정리해 주시겠어요?

코치이: '다시 활력을 찾고 싶다.'

코치: 네, 그럼, '다시 활력을 찾고 싶다.'를 목표로 코칭을 진행해도 될까요?

코치이: 넵!

코치: ○○ 씨, 목표가 '다시 활력을 찾고 싶다.'인데, 목표를 위해 무엇을 해 보면 좋을까요?

코치이: 생각해 보니 억누르고 산 것이 많았던 것 같아요. 진로에 대해서도 압박감이 심했어요. 먼저, 마음 편하게 책을 읽어 보려고 해요. 전공 수업도 중요하지만 다양한 책을 읽으면 좋을 듯해서요.

코치: 와~ 어떻게 그런 생각을 했을까요? 그렇군요. 책을 읽으면 마음도 편해지겠네요. 또 다른 아이디어가 있다면 무엇이 있을까요?

코치이: 친구를 사귀어 보려구요. 사실 제가 일대일 대화는 자신 있

는데 여러 사람이 있을 때는 대화를 잘 못해요. 그런데 지금까지도 주변에서 많은 도움을 받고 있어서요……. 인간관계가 중요한 거 같아요.

코치: 그렇군요!! 인간관계가 중요하다고 생각하니까 친구를 사귀어 보려는 것이군요. ○○ 씨에게 인간관계는 어떤 의미인가요.

코치이: 음……. 제가 도움 받은 것이 많아서 저도 나중에 어려운 사람들에게 되돌려주고 싶어요. 그러니까 좋은 인간관계를 위해 좋은 친구를 사귀어야 한다고도 생각해요.

코치: 와~ 멋진 생각이네요. ○○ 씨는 꼭 이룰 수 있을 거에요. 저도 함께 응원할게요. 또 필요한 것이 있다면 무엇이 있을까요?

코치이: 음……. 공부를 열심히 해야 할 거 같아요. 지금까지 도와주신 분들에게 보답하려면 제가 준비가 되어야 할 것 같아요.

코치: 네, 그래요. 정말 근사한 생각들을 해냈군요. 그중에 가장 우선적으로 해 보고 싶은 것은 무엇일까요? (어떻게 하면 잘할 수 있을까요?)

코치이: 먼저, 책을 읽어 보려고요. 시간을 쪼개어 읽어 보고 친구들과 토론도 해 보려고요.

코치: 그렇게 하고 싶은 것을 하면, ○○ 씨 마음이 어떨까요? 자신이 바라는 진짜 모습은 어떤 모습일지 지금부터 눈을 감고 온몸으로 느껴 보실까요? (5초 후)기분이 어떠세요?

코치이: 편안해요.

코치: 혹시 그 말을 하는 동안 주변에 느껴지거나 보이는 색은 무슨 색인가요?

코치이: 하늘색이요.

코치: 아, 그렇군요. ◯◯ 씨에게 하늘색의 의미는 무엇인가요?

코치이: 하나님과 함께하는 평안함이요. 제가 가장 사랑하는 분이 곁에 계시다는 것을 느껴요.

코치: 다시, 눈을 뜨시고요. ◯◯ 씨에게는 가장 사랑하는 분이 함께 하셔서 정말 좋으시겠어요. 지금까지, 오늘 코칭의 목표인 '다시 활력을 찾고 싶다.'를 위해 코칭을 했는데요. 가장 우선적으로 해 보고 싶다고 하신, 책 읽는 것은 언제부터 시작해 볼까요?

코치이: 오늘 코칭 끝나고 당장이요!!!

코치: 대단해요. ◯◯ 씨(박수). 실행 의지가 정말 높네요. 열정이 대단해요! 나중에 성공했다는 것을 어떻게 확인할 수 있을까요?

코치이: 일주일에 한 권씩 책을 읽을 수 있을 것 같아요. 친구들에게 읽은 내용을 얘기해 주면 대화도 될 것 같아요. 사실 저는, '열정이 강점'인 사람이에요. 한동안 잊고 지냈네요.

코치: 정말, 그러면 되겠네요. 진짜 멋진 생각이네요! 열정이 강점! 와~ 그동안 잊고 지내던 것을 찾아내시다니, 정말, 축하드려요! 그 말을 들으니 지금, 저에게도 ◯◯ 씨의 열정이 그

대로 전달되어 느껴지네요. 혹시 누가 도와주면 더 잘 해낼 수 있을까요?

코치이: 고등학교 시절부터 저를 멘토링해 주신 선생님에게 말씀드리고 싶어요. 그럼 꾸준히 잘할 것 같아요.

코치: 멋진 생각이네요. 자, 그럼 지금 나눈 얘기를 간단히 정리해 주시겠어요?

코치이: '다시 활력을 찾기 위해, 먼저 책 읽기를 시작하자!'

코치: ○○ 씨! 정말 대단하세요! 미래의 방향을 잡고 싶어서, '다시 활력을 찾고 싶다.'라고 코칭 목표를 정했고, 우선적으로 책 읽기를 시작하기로 하셨는데 오늘 코칭을 통해 새롭게 알게 된 것이 있다면 무엇일까요? (알아차림)

코치이: 코칭 대화를 해 가며 뭔가 마음이 따뜻해지고, 특히 강하게 느낀 것은 크리스천으로서 "하나님께 집중하되, 세상을 피하지 말자."예요.

코치: 그랬군요! 저도 코칭을 진행하는 동안 저도 ○○ 씨가 진정성 있고, 마음이 따스한 분이라는 생각이 들었어요.

코치이: 감사해요. 생각해 보니 제가 공부를 잘 못할까 봐 걱정되어서 안 하려고 한 것 같아요. 학교생활도 좀 더 열정적으로 해 보려고 해요.

코치: 저도 ○○ 씨를 위해 열심히 응원할게요! 꼭 목표한 바를 이룰 것이라고 믿어요. 다음에 또 코칭을 한다면, 어떤 주제를 다루어 보고 싶으세요?

코치이: 코칭을 받게 된 덕분에 방황의 시기에, 다시 방향을 잡아 나갈 수 있어서 감사해요. 다음에는 기회가 되면, 배우자에 대한 주제를 나누고 싶어요. 믿음의 가정을 가진 배우자를 만나게 해 달라고 기도하고 있거든요.

코치: 저도 ○○ 씨와 함께 하게 되어 행복했어요. 함께 나눈 시간이 귀하고 소중했어요. 항상 응원할게요! 시간을 보니 아쉽지만, 오늘은 여기서 코칭을 마무리해도 될까요?

코치이: 네, 감사합니다.

코치: 저도, 귀한 시간 함께해 주어 감사해요. 수고하셨어요.

코칭이 무엇인지 잘 몰라서 설레는 마음으로 시작했던 코치이는 모든 회기를 마친 후에 이렇게 소감을 말해 주었다. "내가 스스로 어떤 사람인지, 내 성격의 장단점은 무엇인지를 깨닫고, 그리고 나의 관심사를 이해하게 되었으며 무엇보다 나 자신에 대해 알게 되면서 주변 지인에게 감사할 줄도 알게 되었어요. 내가 알고자 했으나 잘 알지 못했던 것들이 코칭이 진행되어 갈수록 서서히 몸에 스며들고 나 자신을 주도적으로 찾게 된 것 같아요."

코칭은 코치이가 사회의 구성원으로서의 역할과 리더로서의 자질에 대하여 알아가는 과정을 통해 희망 직업에 대한 구체적 정보 탐색과 진로에 대한 합리적 결정을 내리도록 한다. 그래서, 코치이는 자신에 대한 근본적인 관심사를 찾다 보니 자신에 대해 깊이 있게 발전하고 싶다는 간절함이 생겨서 처음으로 내면의 자아를 들여다볼 수 있게 되었다고 말한다. 그리고 코칭이 진행되는 과정을 통해 깊이 있는 자기 자신과의 만남으로 이어졌고, 근본적인 '나'에 대한 질문을 용기 내서 물어보게 되어 어떤 것을 원하는지 궁금해지기 시작했다고 한다.

코치는 자립 준비 청년들과의 코칭을 맞춤형으로 진행하기 위해, 특별히 『Stop Playing Safe』의 저자인 마지 워렐 박사의 SOAR 프로세스로 삶의 스트레스 요인을 뛰어넘도록 적용해 보았다. 자립 준비 청년이 비상할 준비를 하고 평생 일터에서 커리어 개발을 하려면, 성장 과정 중 도전 과제를 해결하는 것을 통해 좌절로부터 통찰력을 얻는 것이 중요하다. 마지 워렐 박사의 SOAR 프로세스 4단계(Stop, Observe, Ask, Reframe)를 각각 거치는 것은 상황에 대해 보다 자신 있게, 침착하게 그리고 건설적으로 대응하도록 도움을 주었다. SOAR 단계를 수행하는 것은 감정을 다스리는 훈련으로 단발성이 아니며, '몇 번이고 반복해서 스스로 취해야 하는 과정'이다.

코치이는 끊임없이 힘들게 한 압박감 속에서 하던 일을 멈추고 잠시 삶에서 나와 마음 챙김 호흡을 통해 현재의 순간으로 오게 한다(Stop). 지금까지 사물을 관찰하는 방식을 더 새롭고 높은 관점에서 바라보며 경험보다는 부여하는 의미에 의해 결정을 하게 된다(Observe). 그리고 이 문제에서 "내가 배워야 할 가치 있는 교훈은 무엇인가?"와 같은 더 큰 질문을 하면 더 나은 답변들을 얻을 수 있게 된다(Ask). 그리고 네 번째 단계에는 문제가 아니라, 관점을 재구성한다(Reframe). 즉, 할 수 없는 일이 아니라, 할 수 있는 일에 더욱 집중하고 판을 새로 짜는 것이다.

그러므로 고난이나 마음의 고통은 더 이상 자신의 정체성이 아니라, 오히려 자신이 되고 싶은 사람을 스스로 결정하게 되는 것이다. 다회기 코칭이 후반기로 갈수록 반복적인 SOAR 프로세스를 거쳐 코치이는 적극적 자세로 참여하게 되면서 이루고자 하는 꿈의 목록을 작성하게 된다. 목표 설정 후 계획표를 작성하고 자신이 원하는 것이 무엇인지 깨닫게 되었다. 결과적으로, 역경을 이겨 내는 SOAR 프로세스(Leverage Adversity)로 이루고 싶다는 의지와 자존감도 생겨 관계 개선에 대한 의욕이 생겼다고 한다. 이와 같이 맞춤형 코칭 프로세스로 자립 준비 청년의 커리어 개발 솔루션을 발견하는 것에 도움이 되었다.

"코칭이 의도적이고 강요된 것이었더라면 아마도 그렇게 효과적이지는 못했을 것 같아요. 하지만 마치 몸에 스며들듯이 서서히 진행되었고 강요가 아니라 내 스스로가 찾아내도록 기다려 주시고 제가 주도적으로 진행하게 되어 더 의미가 있었어요. 주입된 것이 아니라 마치 내 안에 있던 것을 찾아내어 준 것 같아서 내 몸에 딱 맞는 옷을 입는 느낌이었어요."라고 코치이는 마지막 회기에서 코칭에 대한 소감을 나누어 주었다.

4. 리뷰 및 성찰

자립 준비 청년은 다양한 제도 덕분에 도움을 받고 있기는 하지만, 그럼에도 체감하는 자립 현실은 여전히 열악해 홀로 삶을 꾸려 가야 하는 어려움 속에 있다. 공평한 삶의 출발선에서 자립 준비를 위해 마음의 안전도 지켜 줄 수 있는 코치가 함께할 수 있도록, 정부와 국가도 지원을 해 주면 자기주도적이며 실제적인 도움이 될 것이다. Z세대가 이끌어 갈 4차 산업 시대가 도래하고 있으며 그들은 틀린 것이 아니라 이전 세대와 패러다임이 완전히 다른 이들임을 이해하고 존중해야 할 것이다. 인터넷의 발달로 뉴 러너(New Learner)로서, 그들은 진정한 세계 시민으로 성장할 것이고 AI와 경쟁하는 세상에 어울리는 성향을 창출해 낼 것이다.

그러므로 Z세대와의 소통은 기존의 판을 강요하기보다는, 그들 자신이 스스로 주도하는 맞춤형 판을 짜도록 격려해 주어(Reframe) 자신이 가치 있다고 생각하는 일에 열정을 다하도록 돕는 것이 답이 될 것이다. "저는 코칭을 통해 현재 취업 시장에서 요구되는 중요한 스킬보다 더 중요한, 자신감을 갖게 되었고 저의 가치 제안을 정의할 수 있게 되었어요. 코칭을 통해 배운 교훈들로 저의 커리어 경로에 대해 충분한 지식을 가지고 결정할 수 있게 되었습니다."라고 코칭을 통해 알아차림을 경험했다고 코치이는 답해 주었다.

무엇보다도 코칭을 통해 자립 준비 청년들에게 '넌, 혼자가 아니야.'라는(You are not alone) 마음과 자존감 회복을 돕고자 하였다. 자립 준비 청년들은 맞춤형 코칭 프로세스를 통해 자기 이해, 자기 성찰, 비전 설정, 자기 성장에 이르렀고 활기를 찾아 실행 의지를 얻게 되었다고 한다. 이후에는 자립 준비 청년들을 위해 좀 더 다양한 대면형 커리어 프로그램(손미향의 3C 프로세스와 6P 맞춤형 커리어 프로그램:

customized coaching process 『시대를 초월한 성공의 열쇠 10가지』 참고) 진행을 통한 단계별 성장도 기대해 본다.

심화되는 청년 취업난과 주거 불안 등으로 자립 준비 청년의 자립도 과거에 비해 더욱 어려워지고 있는 상황이다. 그나마 자립 준비 청년들에 대한 사회적 관심이 생겨 국가의 지원 및 강화의 필요성도 높아지고 있어 다행이다. 하지만 자립 지원을 단순히 경제적 지원으로만 보는 것이 아니라, 자립 준비 청년들이 자립의 주체로 인식하고 실질적인 자립을 지속적으로 이끌어 낼 수 있도록 '코칭을 통한 자기 주도적 자립 지원' 정책이 뒷받침되어야 할 것이다. 그리고 자립 전 청년들이 지내던 아동 양육 시설, 공동 생활 가정, 가정 위탁 등에서 겪는 일들로 인해 다양한 공격성, 불안·우울 정도가 높아지므로 그들의 낮은 삶의 만족도, 정서 조절감·자아존중감에 대한 배려도 수반되어야 한다.

사회는 갈수록 불안과 우울이 더욱 심화되고 있고, 자립 준비 청년들은 고민을 털어놓거나 조언 받을 보호자의 부재로 잘못된 선택을 하거나 범죄의 표적이 되는 사례도 발생한다. 대학에 진학하였으나 경제적 어려움이나 학습 부담 등으로 휴학이나 중퇴를 경험하게 되기도 한다. 등록금은 국가·학교 장학금 등으로 충당하나, 휴학 또는 중퇴자 중 생활비 등을 벌기 위해 휴학을 반복하면서 과도한 아르바이트 등 학업에 어려움도 있다고 한다. 각 대학의 커리어 및 취업 담당자들도 이 점을 간과하지 말고, 학생들이 스스로 찾아올 수 있도록 적극적인 활동을 지속해야 할 것이다.

일반 청년이 가정의 보호를 토대로 독립을 준비하듯 자립 준비 청년들도 국가의 보호 체계 안에서 자기 주도적인 자립을 준비할 수 있도록 맞춤형 배려가 필요하다. 지역 사회뿐 아니라 각 대학의 커리어 개발 및 취업 센터 내에 커리어 담당 직원들은 전문 코치가 되어 코칭 리더십을 발휘하는 것도 최선의 방법이 될 것이다. 자립 준비 청년들이 보호 종료 전부터 그들 스스로 타고난 재능을 찾아 강점을 개발하고 좋아하는 일을 하도록 도울 수만 있다면 행복 만족도는 상승할 것이고 국가는 귀한 동력을 확보할 것이다.

필자가 공익코칭의 중요성을 강조하고 싶은 이유는 대한민국이 지금 개발도상국에서 선진국으로 향해 가고 있기 때문이다. 선진국이라면 전 국민의 타인을 위한 섬김이(최소한 10% 재능 기부) 삶에 녹아들어야 한다. 4차 산업 시대에는 세계시민으로서 글로벌 청년들의 역할에 대한 새로운 패러다임('New paradigm of global youth's role')이 확실해질 것이며 무엇보다도 국제개발 협력 등 비영리 섹터의 역할이 확대될 것이다. 기업 또한 지역 사회를 돕는 착한 기업이 더욱 지지를 받게 될 것이다. 그것이 바로 진정으로 품격 있는 선진국의 모습이기 때문이다.

대한민국 청년들이 세계를 돕고 세계의 청년들이 우리를 돕는, 국경을 넘어선 하나 된 세계 시민의 역할이 빛을 발하는 세상이 도래할 것이다. Z세대는 함께 협력하여 잘 살아 내야 하기에 존중(Respect)과 뉴 러너로서 협업(Collaboration)이 무엇보다 중요한 세상이 올 것이다. 마틴 루터 킹 목사는 삶 속에서 끊임없이 자신에게 질문해 보라고 한다. 내가 사람들에게 어떤 도움을 주고 있는지 말이다(Life's most persistent and urgent question is, "What are you doing for others?"

Martin Luther King, Jr.)

4차 산업 시대의 패러다임은 경험을 중시한 부모 세대와는 다르며, Z세대는 나다움을 외치며 자신만의 방식으로 커리어를 창의적으로 개발하길 선호한다. 가장 좋은 해결책은 자기 자신을 들여다보며 무엇을 원하는지 스스로 찾아야 하는 것이다. 당장 좋은 직장을 얻는 것이 목표인 자와 달리 평생 자신이 원하는 것이 무엇인지 궁금해 하며 발전해가는 사람은 삶의 만족도에서 큰 차이가 날 것이다. 사실, 즐거운 일터는 삶과 구별하는 워라밸(Work Life Balance)보다는, 개인의 성장과 일터의 미션이 하나가 되어 시너지를 내는 워라인(Work Life Integration)이 실현되는 곳이어야 한다. 그래야 비로소 우리의 인생은 그러한 일터에서 자아실현을 하며 스스로 자신이 세상에 태어난 미션을 찾아가는 신명나는 여정(Lifelong journey)이 될 것이다. 끊임없이 경험하고 도전하며 뉴 러너로서 지속적인 배움을 통해 얻는 즐거운 자기 계발로 자신만의 독특한 커리어를 개척해야 한다. 단순히 직장에 들어간다는 의미를 넘어서 자기 성장에 이르는 커리어 개발은 생이 다하는 순간까지도 계속될 것이다. 중요한 것은 어디에서 일하느냐가 아니라 무엇을 하는가이고 어느 곳을 향하고 있는가이다.

필자는 지난 30년간 전 세계와 다양한 글로벌 활동을 통해 협업을 해 온 사람으로서, 국적, 언어, 문화, 성별, 종교와 상관없이 청소년을 양육할 수 있는 최고의 방법은 코칭이라고 거듭 강조하며 이 글을 마치려고 한다. 글로벌 청년 리더가 될 청소년들이 자신의 재능과 강점을 스스로 발견하여 나아갈 방향을 찾도록 돕는 것이 바로 세상을 변화시키는 최고의 길이 될 것이다.

"모든 사람은 창조적이고 자원이 풍부하고 전인적이다." 그렇다! 코치는 코치이를 온전하게 있는 그대로 받아들여야 하고, 코치이도 자신의 수준에서 최선을 다하고 있음을 믿어야 한다. 자립 준비 청년에게 코칭을 통해 작지만 강력한 불을 지펴 주는 역할을 하고 있음에 감사의 마음과 응원을 전한다.

··· **손미향**

국제기구, 국제개발협력단체, 과학기술단체, 미국 대학 등에서 활동한 업력을 통해, 현재는 글로벌 커리어개발 전문코치로 활동 중이며, 인성코칭과 펀드레이징 코칭을 돕는 I·I·M·D(International Institute of Marketing and Development) 대표로 활동 중이다. 국내외 글로벌 청년들이 가치 있는 삶을 통해 꿈을 펼쳐 가도록 돕는 '드림 브릿지'로 불리우고 있다. 한국뉴욕주립대학교 연구교수로 재임 시, 초대 커리어개발 센터장을 역임하면서 언어, 종교, 국적, 문화가 다른 다국적 유학생들을 위한 자기 주도적 맞춤형 3C(카운슬링, 코칭, 컨설팅) 프로그램을 개발한 바 있다. 특히, 지난 2001년 지미 카터 전 미국 대통령 특별 프로젝트 홍보실장을 시작으로, 20여 년간 다양한 글로벌 비영리 섹터에서 마케팅 PR 커뮤니케이션을 통해 조직의 자원 개발(Resource Development)을 주도해 왔다. 현재는 (사)한국코치협회와 국제코칭연맹코리아의 공익코칭위원으로 미래 세대 글로벌 인재 육성에 대한 사명을 펼쳐 가고자 한다. '글로벌 공익코칭, 행동하는 인성코칭, 펀드레이징 비전코칭' 전문가로서 난민 코칭과 자립 준비 청년 코칭 등 사회적 약자를 위한 교육 활동에 적극 참여해 세상을 변화(to Help change the lives of People)시키는 데 일조하고자 한다. 저서로 『사람이 답이다』, 『시대를 초월한 성공의 열쇠 10가지』 등을 출간한 바 있다.

이메일: joysmh828@gmail.com

책 읽기 싫어하던 아이,
문해력 하브루타 독서코칭 사례

유현심

1. 코로나19로 폐강 이어진 독서코칭, 온라인으로 다시 살아나다

2020년 1월부터 시작된 코로나19 팬데믹은 인류를 마비시켰다. 2월 말까지 화천 자격 과정을 마치고 나자 기다렸다는 듯이 잡혔던 모든 일정이 취소되기 시작했다. 3월부터 5월 초까지 집에 갇히다시피 한 채 지루한 시간이 흘러갔다. 그래도 다행히 5월 중순이 되면서 교육이 재개되어, 러너코리아에서 오프라인 하브루타 자격 과정을 진행하고 6월 들어서는 K전문대 학생들을 대상으로 자기주도학습 영상물을 촬영하여 보급하였고, 여수 시청에서 주관한 학부모 특강, 학생 강좌, 인천 교사 모임 회원 대상 하브루타 독서 코칭 지도사 과정과 글쓰기 과정도 진행되는 한편, 부평의 작은 도서관 한군데와 화성시 작은 도서관 두 군데, 의왕시 중앙도서관 등에서 하브루타 독서코칭 지도사 10주 과정이 동시에 열려 늘 그래왔듯이 코로나19 역시 잠깐의 해프닝으로 끝나고 다시 일상을 찾게 된 듯했다.

하지만 코로나19는 종식될 조짐을 보이지 않았고, 인류는 바이러스에 너무나도 취약한 존재이기에 앞으로의 세상이 어떻게 변해 갈지 누구도 장담할 수 없었다. 그 무렵 (사)미래준비 단톡방에 줌(ZOOM)이라는 온라인 플랫폼 활용법을 알려주는 모임이 개설됐다. 가상 세계라는 새로운 세상이 우리 앞에 빠르게 다가온 것이다. 감사한 마음으로 모임 신청을 하고 열심히 들었다. 실험 정신이 강한 몇몇 분은 회의실을 개설해서 초대하기도 했다. 나도 한두 번 참여해 보았다. 하지만 여전히 어렵게 여겨지기만 했다.

코로나19는 8월로 접어들면서 다시 확산되기 시작했다. 그 바람에 노원 50플러스 센터에서 8주 과정으로 진행되던 하브루타 독서코칭 지도사 과정이 2회기를 남겨 놓은 시점에 폐강될 위기에 놓였다. 지금까지 충실하게 공부한 학습자들에게 마무리를 제대로 못하고 끝내는 건 너무나 미안한 마음이 들어, 두려움을 무릅쓰고 줌 온라인 회의실을 개설해 선생님들을 초대했다. 회의실을 열어 보니 직접 부딪쳐 경험하는 것이 왜 중요한지 알게 됐다. 회의 개설하는 것은 생각보다 어렵지 않아 곧 소회의실 기능까지 능숙하게 다루게 되다 보니, 온라인 환경이지만 하브루타 독서 토론에 최적화된 매체라고 느껴졌기 때문이다. 학습자들도 환호했다. 온라인으로도 이렇게 가까워질 수 있고,

실컷 서로의 이야기를 할 수 있어 좋다는 것이다.

줌 온라인 회의가 어렵지 않으면서 하브루타 독서 토론에 최적화된 매체라는 확신이 들자, 나처럼 어려움을 겪고 있을 우리 회사 내부 코치들을 대상으로 '줌 온라인 매체 활용법 특별 보수 교육'을 실시했다. 격변의 시기이다 보니 앞으로 학생들도 온라인 환경에서 만나게 될 것 같다는 생각이 들었기 때문이다. 보수 교육을 한 후에 배운 것으로 그치지 않고 바로 적용할 수 있도록 각자 무료 회의실을 열어 스터디를 하도록 일정을 짰다. 결과는 놀라웠다. 코치들은 스터디에 스터디를 거듭하며 패들렛은 물론 각종 매체와 온라인 회의실을 결합하는 작업을 병행하며 온라인 수업의 강자가 되어 갔다. 예상은 적중해서 8월부터 예정됐던 강좌들이 다시 모두 취소될 위기에 처했다. 하지만 줌 온라인으로 수업을 할 수 있다고 하자, 학교 담당 선생님들은 벌써 온라인 환경에도 대처해 놓았느냐고 놀라워하며 수업을 맡겨 주셨다. 우리 ㈜미래준비에서 미리 준비해 주지 않았더라면 아마도 한참 뒤처져 따라가고 있었을지 모른다. 코로나19는 그해를 넘어 2022년까지도 계속되고 있다.

2. 수업 결손으로 문해력 저하된 아이들, 독서코칭으로 해법 찾다

코로나19로 인해 많은 사람들이 고통에 빠졌지만 그중 특히 학생들의 수업 결손은 심각했다. 물론 코로나19의 영향만은 아니겠지만 이전부터 문제시되어 온 아이들의 문해력은 코로나 상황으로 학교에 가지 못하게 되자 더욱 심각해졌다. 교육 방송 EBS에서는 2021년 3월, 〈당신의 문해력〉이라는 6부작 프로그램을 통해 대한민국 문해력 저하 문제를 공론화했다. 일선에서 학생들을 만나고 있는 나로서는 어느 정도 예상은 하고 있었지만, 그 영상을 보고 충격을 받았다. 문맹률이 제로에 가까운 우리나라가 문해력은 OECD 회원 국가 중 꼴찌라니 그동안 생각해 왔던 것보다 훨씬 심각한 수준이었기 때문이다.

독서 교육을 하는 사람으로서 일종의 책임감이 생겼다. 우리는 방송에서 문해력 향상법으로 소개하고 있는 대부분의 활동이 그동안 우리가 해 왔던 하브루타 독서 토론 내용과 거의 흡사하다는 사실에 고무되었다. 그래서 독서 교육을 하면서 꾸준히 관심을 가져왔었던 문해력 향상 방법을 더 깊이 고민하기 시작했다. 우리 진북 하브루타 연구소에서는 하브루타 독서 토론 내용과 더불어 어린이부터 성인에 이르기까지 부족한 문해력을 끌어올릴 구체적인 방법들을 집중적으로 연구해 그동안 해 오던 '7 키워드 독서 토론'을 확충해 '문해력 신장 15 키워드 독서코칭 로드맵'을 완성했고, 연구된 내용을 많은 분에게 전하기 위해 '진북 문해력 독서코칭 세미나'를 2021년 4월 6일과 7일, 오전 10시와 저녁 7시, 그리고 4월 10일 앙코르 세미나까지 열어 전파하게 되었다.

많은 학부모가 줌이라는 가상 공간 회의실에 들어와서 자녀의 문해력을 높여 주는 실질적인 방법에 대해 배우고 적용하기를 다짐했다. 그분들 중에는 맞벌이로 인해 또는 아이가 언젠가부터 책과 담을 쌓게 되어 문해력 문제가 심각해졌다며 직접 맡아 지도해 달라는 요청도 있었다. 그렇게 해서 2021년 4월 말부터 본격적으로 '줌 온라인 문해력 독서 코칭' 수업이 시작되었다. 문해력 독서코칭이라고는 하지만 코칭을 하다 보면 부모-자녀 관계 코칭이 덤으로 따라간다. 그중 한 아이의 사례를 자세히 소개하려 한다.

3. 책 읽기를 싫어하던 아이, 독서코칭 사례

대부분의 유아기 아이들은 그림책 읽기를 좋아하는 편이다. 그런데 2021년 4월 처음 만난 7세 민지(가명)는 어떤 이유에선지 언젠가부터 그림책을 멀리하게 되었다고 했다. 그러면서 점점 고집도 세져서 엄마랑 실랑이를 벌일 때가 많다 보니 엄마가 그림책을 읽어 주는 것에 한계가 있다고 했다. 유아나 초등 저학년 아이들은 부모가 줌 환경을 설정해 줘야 해서 첫 만남을 엄마와 함께하게 되었다. 첫날 엄마랑 같이 화면에 나타났을 때 아이는 무척 쑥스러워했다. 고개를 살짝 숙이고 있어서 얼굴을 제대로 보기 힘들었다. 인사를 나누고 말을 시켜 보았더니 발음이 명확한 편이 아니었고 아직 응석도 있었다. 엄마는 책을 많이 읽히고 싶은데 아이가 따라 주지 않아 아쉽다고 했다. 하브루타 독서코칭을 선택한 이유는 책을 읽고 책 내용에 대해 이런저런 얘기도 할 수 있고, 더 나아가 자기 생각도 말하며 사고력을 키웠으면 하는 것이었다. 하지만 아이는 책 얘기만 하면 묵묵부답으로 일관하거나, 아예 안 읽으려 한다는 것이었다.

4. 하브루타 독서코칭 프로세스

1) 친밀감 형성하기

"민지야, 안녕! 선생님 이름은 유현심이야. 만나서 반가워."

"……."

"민지도 선생님 반갑지?"

"몰라."

"하하. 그래, 오늘 안 반가워도 점점 반가워질 거야. 오늘은 선생님하고 재미있는 게임, 퀴즈로 같이 놀아 볼까?"

아이는 뭔가 공부를 시킨다고 생각해서 잔뜩 긴장해 있다가 선생님 입에서 같이 놀자는 말이 나오자 약간 긴장을 푸는 듯 보였다.

"선생님은 친구들하고 노는 거 좋아해. 아마 민지도 재미있을 거야."

"……."

"선생님이 재미있는 수수께끼를 낼 건데, 맞혀 볼래? 첫 번째 퀴즈! 곤충을 세 부분으로 나누면 어떻게 될까?"

"몰라."

"죽는다."

"……."

"재미있지? 두 번째 퀴즈! '보' 내기 싫으면 어떻게 해야 할까?"

"……."

"가위나 주먹을 내면 돼."

"그게 뭐야."

"그럼 민지가 다른 답 알면 말해 줄래?"

"없어."

"선물로 줘도 발로 차 버리는 것이 뭘까?"

"공?"

"세 글자로 하면?"

"축구공?"

"우와. 맞았어! 우리 민지 퀴즈 잘 맞히네. 이번엔 좀 더 어려울 거야. 세상에서 가장 빠른 닭은? 세 글자야."

"몰라."

"후다닥. 혹시 민지도 수수께끼 아는 것 있어? 선생님에게 내 볼래?"

"싫어."

"호호. 알았어. 이번에는 '우리 집'으로 퀴즈를 내는 거야. 우리 집은 몇 층에 있을까?"

"9층?"

"오, 왜 9층이라고 생각했어?"

"우리 집이 9층이니까."

"땡! 선생님 집은 5층이야. 다음 퀴즈! 우리 집에는 강아지가 있을까?"

"있다."

"있었는데, 지금은 하늘나라에 있어. 민지도 민지네 집으로 퀴즈 내 볼래?"

"우리 집에 의자가 몇 개 있을까?"

"우와. 그렇게 어려운 문제를 내다니. 식탁 의자 4개랑 공부하는 의 자 2개 합쳐서 6개?"

"땡! 엄마 화장대 의자까지 7개."

"와! 어렵다. 또 문제 낼 거 있어?"

"나는 무슨 색을 좋아할까?"

"핑크색?"

"딩동댕. 어떻게 알았어요?"

"선생님도 핑크색 좋아하는데 민지도 핑크색 좋아할 것 같았어."

2) 코칭 주제 명확히 하기

그렇게 퀴즈 놀이를 한바탕하고 나니, 아이는 엄마의 우려와는 달 리 어느새 얼굴을 보며 생글생글 웃기도 잘하고, 대답도 곧잘하며 마 음 문을 열고 있었다. 첫날은 마음 열기만 잘해도 대성공이기에 크게 욕심내지 않기로 하고 바로 재미있는 영상을 함께 보며 아이의 표현을 좀 더 이끌어 내 보기로 했다. 함께 본 영상은 〈뱀 꼬리〉인데, 늘 머리 만 쫓아다니던 꼬리가 어느 날 자기도 자기 마음대로 가 보겠다며 앞장서서 가다가 절벽 아래로 떨어져 온몸을 다치고 바위틈에 깔리게 되는 이야기다. 뒤늦게 꼬리는 자기 잘못을 뉘우치지만 자기는 아무것도 할 수 없는 존재라며 자포자기하고 만다. 그때 머리는 꼬리도 중요한 역할을 하고 있다며 꼬리가 움직여 주지 않으면 바위틈에서 탈출하지 못하니 도와달라고 한다. 그제야 꼬리는 '머리에게는 머리의 일이 있고, 꼬리에게는 꼬리의 일이 있다는 것'을 깨닫고 몸을 움직여 탈출한 후 머리에게 꽃 구경을 하고 싶으니 같이 가 달라고 한다. 유아들에게는 큰 부담을 주지 않기 위해 다매체를 활용한 '설명-경험-질문-실천-찬반' 5개의 키워드 하브루타로 시작해서 점차 늘려간다. 5 키워드 하브루타는 일종의 코칭 대화 모델로 이해하면 쉽다.

3) 목표 세우기- 5 키워드 하브루타로 생각하는 힘 키우기

아이들과 5 키워드로 하브루타를 하다 보면 간단한 방식임에도 불구하고 문해력은 물론 궁극적으로 사고력을 키워 줄 수 있어 좋다. 먼저 영상이나 그림책 또는 다양한 매체를 한 편 보고 나서 내용을 설명하게 한다. 우리의 뇌는 방금 본 것도 100% 기억해 내기 힘들기 때문에 설명 하브루타를 하면 전체 내용을 조감할 수 있고 세부적인 내용도 기억할 수 있어 좋다. 설명 하브루타를 할 때는 아이에게 부담을 주지 않으면서 설명할 수 있도록 이끌어 주면 좋다. 코치가 내용을 다 알고 있는 티를 내며 일방적으로 설명해 주거나, 아이에게 내용을 설명해 보라는 식으로 직접 화법을 쓰는 것은 역효과가 날 수 있어서, 아이가 부담을 느끼지 않으면서 설명할 수 있도록 이끌어 줘야 한다.

경험 하브루타는 보거나 읽은 내용과 관련해서 아이가 비슷한 경험을 한 것이 있는지 묻는다. 경험을 말하는 활동은 보거나 읽은 내용과 자신의 경험을 결합하며 에피소드 기억으로 저장되기 때문에 기억 효과도 뛰어날 뿐 아니라 보거나 읽은 내용을 친숙하게 받아들이게 된다.

질문 하브루타는 아이들의 사고력을 신장시키는 아주 좋은 활동으로 본문 내용 중에서 궁금했던 것을 질문으로 만들어 내용을 더 깊게 탐색하도록 돕는다. 그런데 질문이 익숙하지 않은 아이에게 본문 내용으로 질문을 해 보라며 직설 화법으로 접근하게 되면 힘들어할 수 있으므로 되도록 퀴즈로 접근해서 질문과 익숙해지도록 하는 것이 좋다.

실천 하브루타는 보거나 읽은 내용 중에서 자신에게 적용하고 싶은 내용이 있는지 묻는 것이다. 만약 없다고 하면 무조건 적용할 점을 찾도록 강요하기보다 느낀 점이 있는지 정도만 물어도 좋다.

찬반 하브루타는 보거나 읽은 내용 중에서 옳고 그름, 또는 좋고 나쁨 등 대립되는 의견이 나올 수 있는 내용으로 질문을 만들고 찬성 또는 반대 입장에 서서 토론하는 것이다. 이때 찬성 입장, 반대 입장만 고수하는 것이 아니라, 찬성 입장에서도 토론해 보고 입장을 바꿔서 반대 입장에서도 토론해 볼 수 있도록 한다. 그러나 처음부터 찬반-반찬 토론까지 하기 부담스러운 경우에는 아이가 편한 입장에서 잠깐만 생각해 볼 수 있는 시간을 주는 정도로 시작하는 것이 좋다. 찬반 토론을 마치고 나면 찬반 입장에서 벗어나 창의적인 새로운 문제 해결 방법은 없는지 탐색해 보도록 한다. 코칭 질문 중 '전혀 새로운 시도를 해 본다면 무엇을 해 볼 것인가'에 해당한다. 5 키워드 하브루타를 모두 마치고 나면 스스로 내용을 정리해 보는 '쉬우르' 시간을 갖는다. 코치가 내용 정리를 해 주면 코칭 한 내용이 코치의 몫이 되어 버리지만, 아이가 직접 정리를 해 보면 아이 자신의 몫이 된다.

(1) 설명 하브루타

"민지야. 금세 본 영상인데도 선생님은 제목이 잘 떠오르지 않네? 제목이 뭐였지?"

"〈뱀 꼬리〉잖아."

"아, 맞다. 〈뱀 꼬리〉였지? 뱀한테 무슨 일이 일어난 거야?"

"낭떠러지에서 떨어졌어."

"왜 떨어졌지?"

"만날 머리 마음대로 가니까 뱀 꼬리가 자기 마음대로 가고 싶어 했는데, 앞이 잘 안 보여서."

"오! 그랬었구나. 낭떠러지에서 떨어진 다음에는 어떻게 됐어?"

"바위틈에 몸이 깔렸어."

"저런. 깔린 다음에 어떤 일이 생겼지?"

"뱀 꼬리가 자기는 아무 일도 할 수 없다고 슬퍼했어."

"맞다. 그랬더니 머리가 뭐라고 했었지?"

"꼬리도 중요한 일을 하는 거라고 꼬리가 움직여야 바위 틈에서 탈출한다고."

"그래서 꼬리가 도와줬어?"

"응. 도와줘서 빠져나왔어."

"와! 우리 민지가 설명을 정말 잘하는구나. 선생님은 기억이 하나도 안 났었는데, 민지가 설명해 주니까 다시 본 것처럼 기억이 나네. 고마워. 그런 다음 어떻게 했어?"

"꼬리가 꽃 구경을 가고 싶다고 했어."

"민지야. 어쩌면 이렇게 설명을 잘해?"

"선생님은 진짜 기억이 안 나?"

"응. 조금밖에 기억이 안 나. 그런데 민지 덕분에 다 기억할 수 있게 됐어. 정말 고마워."

"나도 머리처럼 도와준 거야."

(2) 경험 하브루타

"와! 그렇구나. 서로 도우니까 정말 좋은 걸? 민지도 꼬리처럼 내가 할 수 없는 일인데도 하겠다고 나섰다가 어려움을 겪은 적이 있어?"

"없어."

"그렇구나. 동생이 자기 맘대로 한다고 해서 곤란했던 적도 없고?"

"음, 그건 있어. 내 그림인데 자기가 마음대로 색칠하다가 내 색연필을 부러뜨려 놨어."

"그래서 어떻게 했어?"

"내가 울어서 엄마한테 혼났어."

"우와! 민지가 민지 얘기를 해 주니까, 뱀 머리의 입장이 이해되는 걸? 그런데 동생은 엄마한테 혼나고 마음이 어땠을까?"

"화내면서 울었어. 자기는 아무것도 못 하게 한다고."

"그래서 어떻게 됐어요?"

"내가 같이 그림 그리자고 해서 같이 그림 그렸어요."

"우와! 뱀 머리처럼 동생을 도와주며 함께 그림을 그렸군요?"

"네."

"우와! 민지가 선생님에게 '네'라고 존댓말을 해 주니 선생님 기분이 더 좋아지는 걸?"

"선생님 먼저 존댓말 했잖아요."

아이는 배시시 웃으며 선생님이 이모 같아서 말을 편하게 하게 됐다고 했다. 말투는 서서히 바뀌 나가도 되기 때문에 존댓말을 강요하지 않기로 했다. 엄마의 걱정과 달리 민지는 무척 밝고 붙임성도 꽤 좋은 아이였다. 그런데 생각보다 영상 보고 이야기하는 것도 곧잘해서 이번에는 그림책을 한 권 보자고 하니 강력히 거절했다. 아마도 뭔가 그림책 읽기와 관련된 사연이 있는 듯해서 어머니와 그 부분에 대해서는 좀 더 상담을 해 보기로 하고 질문 하브루타로 넘어갔다.

(3) 질문 하브루타

"민지야, 그런데 뱀한테 혹시 궁금한 건 없었어?"

"없어."

"선생님은 궁금한 게 생기던데. 꼬리가 앞장서서 달려갔다고 했는데, 뱀에게 다리가 있는 걸까?"

"뱀은 다리가 없지만 빠르게 기어가니까 달려가는 걸로 보인 거지."

"오, 정말 그렇구나. 빠르게 기어가는 모습을 보면 달려가는 것으로 볼 수 있겠다. 그런데 머리 위에 있는 동그란 모양은 뭐지?"

"뱀의 마음이야."

"아, 그럼 뱀 머리랑 꼬리랑 마음 셋이 이야기하고 있는 거야?"

"응. 머리와 꼬리가 서로 자기가 옳다고 하면 누가 옳은지 모르니까 마음이 말해 줘야지."

"우와! 민지야. 선생님은 정말 생각 못 한 건데, 민지 덕분에 새로운 사실을 알게 되었네. 정말 고마워. 민지도 선생님처럼 혹시 궁금한 게 생기면 말해 줘."

"아! 맞다. 생겼어요. 꼬리에도 진짜 눈, 코, 입이 있을까?"

"와! 민지야. 정말 좋은 질문이에요. 민지 생각은 어때요?"

"음! 없을 것 같아."

"왜요?"

"눈이 없으니까 앞으로 가다가 낭떠러지에서 떨어졌잖아."

"그럼 입은?"

"음, 그건 있는 것 같아."

"입은 왜 있다고 생각해?"

"자기 생각을 말했으니까. 아, 그런데 어쩌면 아까 그 동그란 마음이 대신 말해 주고 있는지도 몰라."

"오! 민지 생각이 정말 놀라운 걸? 그럼 마음이 머리의 생각, 꼬리의 생각을 서로에게 말해 주고 있는 거야?"

"그런 것 같아."

"또 궁금한 건 없어?"

"생각 안 나."

"선생님은 궁금한 게 많네. 머리는 꼬리가 되고 싶었던 적이 없을까?"

"와! 그 생각은 못 해 봤는데. 꼬리가 되고 싶을 때도 있을 것 같아."

"왜 그렇게 생각했어?"

"항상 앞장서서 가야 하니까 힘들 것 같아서."

"오! 정말 그렇겠다. 항상 앞장서서 가야 하는 게 힘들기도 하겠구나. 어떨 때 힘이 들까?"

"도와주면 좋은데 꼬리는 눈이 안 보여서 도와줄 수 없는 일이 많으니까, 머리만 꼬리를 도와줘야 하잖아."

"오, 그럼 꼬리는 머리를 도와줄 일이 정말 없을까?"

"음, 아니다. 꼬리가 움직여야 머리가 가고 싶은 곳을 간다고 했어. 머리 쪽으로 같이 움직이는 것이 도와줄 일인 것 같아."

"또 도와줄 수 있는 일은 없을까?"

"꼬리가 있는 뒤쪽에서 위험한 일이 생기면 꼬리를 흔든다."

"이야! 민지 생각이 정말 놀랍다. 어떻게 그런 생각도 했어?"

(1) 실천 하브루타

"민지야. 이 영상을 보고 나서 느낀 점이 있어?"

"없어."

"동생이 만약 혼자할 수 없는 일인데 자기 마음대로 하겠다고 하면 어떻게 할 거야? 예를 들어, 아직 어린데 혼자 마트에 심부름 가겠다고 하면 어떻게 하지?"

"음, 같이 가 주면 되지."

"만약에 민지가 같이 갈 수 없으면?"

"그럼 우진이가 혼자 갈 수 있게 우리 동에서 마트까지 가는 길을 그림으로 그려서 알려 줄 거야."

"와! 정말 훌륭한 방법인 걸? 길만 잘 찾으면 혼자 심부름을 할 수 있을까?"

"잔돈 받아 오는 것도 알려 줘야 해."

"돈을 흘리거나 하진 않겠지?"

"끈 달린 지갑을 메고 가면 되지."

"우와! 진짜 좋은 방법이구나. 민지 도움으로 우진이가 곧 심부름도 혼자 갈 수 있겠네. 혹시 민지가 혼자 할 수 없는 일인데 꼬리처럼 혼자 해 보고 싶은 게 생기면 어떻게 할 거야?"

"나는 그런 거 없는데?"

"예를 들어 엄마처럼 예쁘게 화장하고 싶으면?"

"아! 생각났어. 엄마처럼 화장하고 싶어서 엄마 립스틱하고 매니큐어 발라서 혼난 적 있었어."

"오, 그랬었구나? 그래서 어떻게 됐어?"

"지금도 엄마 화장품 보면 나도 화장해 보고 싶어."

"그럼 어떻게 해 보면 좋을까?"

"음, 꼬리가 머리한테 부탁한 것처럼 나도 엄마한테 먼저 말해 볼 거야. 나도 엄마처럼 화장해 보고 싶다고."

"오! 민지 멋지다. 뱀꼬리 영상 보고 배운 점을 바로 실천해 보겠네? 다음 주에 어떻게 됐는지 꼭 알려 줘."

"네."

(2) 찬반 하브루타

"그런데 민지야. 아까 꼬리가 머리는 머리의 일이 있고, 꼬리는 꼬리의 일이 따로 있다고 했잖아. 민지는 어떻게 생각해? 머리는 머리의 일만 하고, 꼬리는 언제까지나 꼬리의 일만 해야 할까?"

"아니, 꼬리도 머리의 일을 할 수 있어."

"어떻게 할 수 있지?"

"우진이가 혼자 심부름 가겠다고 떼쓰면 우리 동에서 마트까지 가는 길을 그림으로 그려 주고, 어깨에 메는 지갑을 줘서 잔돈 받아오게 도와준다고 했잖아. 그럼 꼬리가 머리의 일도 하는 거지."

"와! 그렇구나. 아까 얘기 했던 것처럼 꼬리였던 사람도 도와주면 머리가 될 수 있네? 민지가 화장하고 싶은 건 엄마가 어떻게 도와주실 수 있을까?"

"엄마가 화장할 때 나도 화장해 보게 해 주면 되지."

"또 다른 방법은 없을까?"

"내 친구는 ○마트에서 어린이용 화장품 샀대. 나도 어린이용 화장품 사 주면 좋을 텐데."

"선생님도 어린이용 화장품 있다는 이야기를 들었어. 그런데 마트에서 파는 화장품이 해롭지는 않을까?"

"자주 쓰지 않으면 되지."

"그래, 진짜 좋은 생각이구나. 민지야 그런데 머리가 꼬리를 도와줄 수 있는 일도 있지만, 도와줘도 머리가 될 수 없는 일은 없을까?"

"하하하. 결혼하는 거랑 아기 낳는 건 할 수 없지."

"하하하. 진짜 그렇네? 그럼 꼬리만 할 수 있는 역할도 있을까?"

"크크크. 엄마가 아기가 될 수는 없잖아."

"크크크. 정말 그렇구나! 그럼 이번엔 머리가 꼬리가 되어 볼 수 있게 도와줄 수 있는 일도 있을까? 항상 엄마가 하시는 일을 민지처럼 안 해도 될 수 있게 도와줄 수 있는 일 말이야."

"음, 아! 전에 돼지 책에서 봤는데, 엄마 혼자 하시는 집안일을 아빠랑 나랑 우진이가 도와주면 될 것 같아."

"와! 그럼 구체적인 방법이 있어? 어떤 걸 어떻게 도우면 집안의 머리인 엄마가 아기처럼 꼬리가 되어 볼 수 있는 거지?"

"엄마 어깨 안마해드리기, 내 방 정리 내가 하기, 분리수거 하기."

"민지 정말 그렇게 해 볼 수 있어? 지금 말한 것 말고, 완전히 새로운 방법이 또 있을까?"

"음, 아! 엄마 생일날 아빠랑 우리가 요리하면 좋을 것 같아. 엄마는 아가처럼 식탁에 앉아서 먹기만 하고."

5) 정리하기(인정과 축하)

성인 대상 코칭도 그렇지만 특히 유초등 어린이를 대상으로 하는 코칭은 중간중간에 계속해서 인정과 칭찬을 듬뿍해 주는 것이 좋다. 인정과 칭찬은 꼭 말로 해야만 하는 것은 아니고, 리액션이나 추임새 등으로 충분한 경우도 있다. 코칭 중간에 리액션을 해 주거나 추임새를 넣어 주는 것은 아이들이 그 시간을 충분히 즐기도록 돕는 양념 역할을 한다.

"우와! 오늘 처음 민지랑 하브루타 수업을 했는데, 선생님은 진짜 놀라운 걸? 엄마께 자랑해야 할 것 같아. 우리 민지가 이렇게 생각 주머니가 큰 줄 몰랐어. 민지는 머리만 할 수 있는 머리의 역할과 꼬리만 할 수 있는 꼬리의 역할, 꼬리지만 머리가 되어 볼 수 있는 역할과 거꾸로 머리가 꼬리가 되어 볼 수 있는 방법까지도 잘 이해하고 있구나. 선생님이 민지 엄마였으면 좋겠네. 민지야, 오늘 선생님하고 뭘 하고 놀았지? 선생님은 또 기억이 잘 안 나네."

"맨 처음에는 수수께끼 내기."

"아! 그랬었지? 선생님이 퀴즈를 냈는데도 까먹다니. 퀴즈 중에서 기억나는 거 있어?"

"곤충을 세 부분으로 나누면 죽는다."

"하하하. 왜 그 퀴즈가 생각났어?"

"무서웠어."

"에고, 그랬구나. 다음부터는 무서운 퀴즈는 안 낼게. 그다음엔 뭘 했더라?"

"〈뱀 꼬리〉 영상 봤어."

"맞다. 우리 〈뱀 꼬리〉 영상 보고 여러 가지 이야기를 나눴었지? 어떤 얘길 했었지?"

"선생님이 내용을 까먹어서 내가 알려 줬어."

"아, 맞아. 선생님은 왜 자꾸 까먹는지 모르겠네. 지금도 기억이 안 나서 우리 민지가 머리처럼 도와주는구나. 그다음엔 또 뭘 했지?"

"나랑 우진이가 머리랑 꼬리가 됐던 얘기."

"아, 그렇구나. 우진이가 뱀 꼬리처럼 마음대로 하고 싶어서 민지 색연필을 부러뜨렸다고 했던 것 같아. 민지는 화장을 해 보고 싶다고 했고. 그렇지? 그다음은 선생님도 기억날 것 같은데?"

"뱀 꼬리 퀴즈 내기했어."

"그래 맞아! 퀴즈 재미있었어?"

"퀴즈 재미있었어. 선생님, 다음에 숨은 그림 찾기 하면 안 돼요?"

"오! 민지가 숨은 그림 찾기 좋아하는구나? 안 그래도 선생님이 숨은 그림 찾기 많이 준비해 뒀으니 기대해도 좋아."

"진짜요? 나 숨은 그림 찾기 좋아하는데."

"잘 됐다. 선생님도 다음 시간이 무척 기대되는 걸? 그런데 우리 민지는 어떻게 우리가 한 활동을 다 기억해?"

"공책에 수업한 거 적어 놨으니까."

"원래 민지는 적는 거 좋아해?"

"응. 그래서 엄마가 이렇게 예쁜 펜을 다 사 줬어."

"와! 정말 좋겠다. 앞으로도 그렇게 잘 적으면 좋겠네. 민지가 〈뱀 꼬리〉 보고 나서 동생을 어떻게 도와준다고 했지?"

"선생님은 그것도 까먹었어요?"

"조금 기억이 나는 것 같기는 해. 지도를 그려 준다고 했었나?"

"응. 심부름 갈 때 길 잃어버릴 수 있으니까 우리 집부터 마트까지 가는 길을 그려 준다고 했어."

"진짜 동생한테 지도 그려 주면 선생님도 보여 줘. 민지는 뭘 하겠다고 했었지?"

"엄마처럼 화장해 보고 싶어서 엄마한테 같이 화장해 보고 싶다고 할 거야."

"맞다. 어린이 화장품 사 달라고 부탁드리기로 했지? 많이 쓰지는 않기로 했고?"

"선생님도 기억나요?"

"응. 그건 기억나는 걸? 민지 말대로 엄마께 말씀드리면 엄마가 몸에 해롭지 않은 좋은 화장품을 사 주실지도 모르겠네?"

"꼭 사 줄 거야."

"그래 민지야. 오늘 선생님하고 처음 하브루타 수업했는데, 어땠어?"

"재미있었어."

"다음 주에도 선생님하고 재미있는 퀴즈도 풀고, 영상도 보고, 책도 읽고, 그림도 그릴 거야. 기대되지?"

"응. 숨은 그림 찾기 꼭 보여 주세요."

"이야. 우리 민지가 선생님한테 존댓말도 하는 거야? 고마워. 다음 주에 만나자."

"네. 안녕히 계세요."

민지와의 하브루타 독서코칭은 그 후로 2022년 8월 현재까지 지속되고 있다. 그동안 초등학교에 들어가 친구 사귀기에 어려움을 겪은 적이 있어, 친구 사귀기와 관련된 영상과 그림책으로 코칭을 하기도 했고, 부모 상담을 병행하기도 했다. 1년이 넘은 시점에 돌아보니 그동안 읽은 그림책이 45권, 함께 보고 이야기 나눈 영상이 48편이었다. 민지는 어느덧 책을 즐겨 읽게 되었고, 문해력 문제집도 두 권째 풀고 있다. 민지는 요즘 어휘 카드 만들기 활동을 시작했고, 선생님이 먼저 제시하지 않는데도, 받아쓰기 14개를 쓰고 싶다고 먼저 제안하곤 한다. 그림책을 즐겨 읽고 문해력 활동도 즐겁게 하는 민지와 코칭하고 있는 다른 아이들을 보면서 독서코칭의 잠재력과 힘을 느낀다. 최근 민지 어머니는 하브루타 독서코칭을 통해 아이가 크게 성장했다며 자발적으로 진북 네이버 스마트 스토어에 감사 후기를 달아 주기도 하셨다. 독서는 사람을 크게 성장시키는 매체이다. 책을 읽고 하브루타 토론까지 한다면 요즘 교육 현장에서 문제로 대두되고 있는 문해력 문제가 해결됨은 물론 깊이 있는 사고력까지 덤으로 얻을 수 있을 것이다.

·· **자공 유현심**

부모교육 전문가, 하브루타 독서토론 전문가이자 '한국형 하브루타 ZINBOOK 독서토론' 개발자로 '하브루타 독서코칭 지도사', '메타인지 진로 학습코칭 지도사'를 양성하는 ㈜코리아 에듀테인먼트, 진북 하브루타 연구소 대표를 맡고 있다. 큰 아이와의 사춘기 갈등을 신앙과 하브루타식 대화법으로 치유한 경험을 토대로 '부모의 변화', '우리나라의 교육 방법 변화'를 통해 '청소년이 행복한 나라'를 만들겠다는 힘찬 포부를 안고 전국을 뛰어다니며 교사 연수, 학부모 강좌, 청소년 교육 등에 매진하고 있다. 『유서 깊은 하브루타 문해력 수업』, 『유대인에게 배우는 부모 수업』, 『하브루타 일상 수업』, 『진짜 독서를 위한 ZINBOOK 독서토론』, 『메타인지 공부법』, 『진로독서 인성독서』, 『독서토론을 위한 10분 책 읽기 1~2』, 『진로독서를 위한 10분 책 읽기 1~4』, 『꿈에 날개를 달아주는 창의독서』, 『누구나 따라 할 수 있는 하브루타 독서동아리』, 『진북 하브루타 독서토론』, 『미래에게 묻고 삶으로 답하다』, 『오늘이 미래다』, 『현장 실전 코칭』 등 저서와 공저 20여 권을 썼다.

이메일: yhs2231@naver.com
홈페이지: www.zinbook.co.kr
카페: http://cafe.naver.com/zinbook
페이스북: https://www.facebook.com/hyunsim.yu
유튜브: 진북 하브루타-자공 유현심의 소소한 TV

자존감과 성과 향상을 위한
청소년 야구선수 멘탈코칭

이영실

1. 멘탈코칭 고객과 코칭 목표

청소년기는 인간의 전 생애 발달 단계에서 신체적, 심리적, 사회적 및 환경적으로 다양한 변화를 극복하고 개인적 정체감을 확립해 나가는 시기이며, 급격한 신체적 및 역할의 변화로 인해 정체성의 혼란을 경험하는 시기로 높은 스트레스를 경험한다. 운동과 학업을 병행하는 청소년 선수는 다양한 스트레스 상황에 노출되어 있으며, 실업과 프로선수에 비해 높은 수준의 운동 스트레스를 경험하기도 한다. 운동선수의 스트레스 요인으로는 지도자의 코칭과 훈련 불만, 진로와 학업 고민, 경기 내용과 기술에 대한 불만, 사생활 불만 등 있다.

특히, 코로나 펜데믹과 같이 자신이 통제할 수 없는 상황에서 일어나는 목표 상실, 진로에 대한 불안감, 경기 결과와 성적의 압박으로 인한 스트레스가 더욱 크게 작용한다. 학생 선수가 운동 스트레스에 효과적으로 대처하지 못하고 장기간에 노출되면 만성 스트레스로 발전하게 된다. 만성 스트레스는 선수의 자신감 하락, 성취감 저하, 정서적 고갈과 같은 심리적인 상태를 유발하여 훈련과 경기에 몰입할 수 없게 된다.

운동선수가 최상의 경기력을 수행하기 위해서는 실패에 대한 두려움이 없고, 완전히 몰입하여 현재에 집중하며, 자신의 감정과 생각을 조절하여 자신감이 충만하고, 신체적으로나 정신적으로 이완된 상태이어야 한다. 이는 심리적으로나 신체적으로 균형을 이룬 상태이어야 하며, 이때 자신의 역량을 잘 발휘할 수 있다. 이렇게 선수들이 경험하는 심리적인 특징은 최상의 수행에 도달하는 멘탈과 밀접한 관련이 있다. 멘탈은 운동선수가 경기에 대한 부담감과 압박감을 효과적으로 극복하는 데 중요한 역할을 한다.

야구는 흔히 멘탈 스포츠라 불릴 정도로 심리적인 부분이 중요한 스포츠다. 뉴욕 양키스 역사상 최고의 포수에 꼽힐 수 있는 선수였으며 지도자로서도 양대 리그를 모두 우승한 기록을 갖고 있는 요기 베라(Yogi Berra)는 야구의 90%는 멘탈이라고 했다. 미국의 인지 심리학 박사 스테들러(Stadler)도 "야구는 신체적인 운동만큼이나 멘탈적인 운동이다."라고 했으며 미국의 멘탈코치 켄라비자(Ken Ravizza)는 야구는 전략으로서 멘탈과 자기 통제 측면에서의 멘탈 두 가지 면이 있으며 자기 통제 측면에서의 멘탈을 심리학자들이 조언을 해 줘야 한다고 했다. 이처럼 현직에 있던 선수들, 그 선수들의 멘탈코치, 심지어 심리학 박사도 야구는 멘탈 스포츠라고 이야기할 만큼 야구는 멘탈이 중요하다.

다음의 사례는 필자에게 멘탈코칭을 받았던 청소년 야구선수들의 사례를 모아서 공통적인 부분들을 발췌하여 구성하였다.

코칭 주제와 목표 설정은 특정 회기에 정하는 것이 아닌 매주 목표를 정하였으며 선수가 가지고 있는 강점을 발견하여 활용하였다. 코칭은 1회기 당 90분씩 총 10회기를 진행하였고, 주 1회씩 모두 10주에 걸쳐 진행되었다. 전체적으로 1회기는 전반적인 코칭에 대한 이해, 2회기부터 8회기까지는 청소년인 고객의 특성에 맞게 자신의 정체성 확립과 진로 탐색, 개인의 강점을 토대로 관계 관리, 훈련 및 경기력 향상을 위해 선수 스스로 자신감을 갖고 구체적으로 자신에게 맞는 방법을 탐색하도록 하였다. 9회기와 10회기는 선수의 이슈를 토대로 부모님과 함께 팀코칭 방식으로 진행하였다. 코칭을 시작하며 편안하게 자신의 생각을 표현할 수 있도록 라포를 형성하였다.

2. 멘탈코칭 프로그램 세부 내용

1) 오리엔테이션

코칭을 진행하기에 앞서 선수와 라포 형성을 하기 위해 오리엔테이션을 진행하였다. 멘탈코칭의 개념과 코칭 윤리를 안내하면서 코칭 내용에 대한 비밀 보호 유지 의무에 대해 강조하였다. 이후 사전 멘탈역량검사 및 인터뷰를 진행하였고 코칭동의서를 작성하였다.

2) 목표 설정

코칭 고객인 청소년 선수들은 그동안 코로나로 인해 취소되었던 시합 출전에 대한 열망이 가득하였다. 'KBO 신인드래프트'를 위해서는 개인 기록이 중요하기 때문이다. 그러나 선수들 대부분은 시합 출전에 대한 열정에 비해 뚜렷한 목표 의식을 갖고 있지 않았다. 따라서 멘탈코치는 선수에게 목표 설정에 대한 중요성을 코칭을 통하여 알아차리도록 하였다.

3) 자신감

선수는 특정 경기 이후에서 실수한 후 자신감이 매우 하락해 있는 상황이었다. 따라서 멘탈코칭을 통해서 긍정적 자기 대화(Self-Talk),

감정 조절, 자기표현에 중점을 두고 코칭을 진행하였다. 선수가 은연중에 내뱉는 부정적 언어와 행동을 스스로 탐색하도록 하였다. 선수에게 있어서 왜 긍정적 언어가 중요한지, 실제 경기 상황에서는 어떻게 활용해야 하는지에 대해 중점적으로 코칭을 진행하였다. 코칭 후 선수는 대체로 부정적 언어 사용이 점진적으로 줄어들었으며, 반면에 긍정적인 언어 사용이 증가했음을 확인할 수 있었다. 또한 자신감과 자만심의 차이를 알려 주고 긴장이나 불안, 경기 내용 중에 나타나는 심리적 상황에서 평정심을 유지할 수 있도록 각자에게 맞는 감정 조절 방법을 탐색하였다. 또한 이러한 방법들은 일시적이 아니라, 운동 기술 훈련처럼 반복적으로 훈련해야 함을 스스로 인지하도록 하였다.

4) 스트레스와 자기 관리

선수의 스트레스를 측정하기 위해 검사지를 활용하였다. 이를 통해 선수 스스로 자신이 현재 겪고 있는 어려움들을 객관적으로 바라볼 수 있도록 코칭하였다. 자기 관리의 경우 선수가 평소에 롤모델로 삼고 있는 선배 선수들을 탐색하고 닮고 싶은 점들을 찾아서 자신에게 맞는 방법으로 적용할 수 있도록 하였다. 이때 닮고 싶은 롤모델의 설정은 같은 종목이 아닌 다른 종목의 선수 또는 유명인, 자신이 알고 있는 주변인 중에서도 찾을 수 있도록 하였다.

5) 팀 커뮤니케이션

야구가 단체 종목인 만큼 팀 커뮤니케이션은 선수 개인의 성과뿐만 아니라 팀 목표 달성에도 크게 작용한다. 선수들은 팀 목표를 위해서는 팀워크를 발휘하지만, 반면에 개인 기록 달성을 위해서는 경쟁자의 입장에 서게 되므로 서로를 견제하기도 한다. 한 팀에 포지션이 겹치는 선수들이 있어서 팀 내에서도 서로 경쟁할 수밖에 없는 구도이기 때문이다. 따라서 멘탈코칭을 통해 각자 프로 구단 진출과 진학이라는 상황은 동일함으로 서로 협력해야 좋은 시너지를 낼 수 있다는 것을 스스로 알아차리도록 하였다.

3. 1:1 개인 멘탈코칭 주요 이슈

1:1 개인 멘탈코칭은 3~4개월에 걸쳐 10회기, 1회기당 소요 시간은 80~90분, 초기에는 선수와의 보다 친밀한 라포 형성을 위해서 대면으로 진행하였으며, 코로나 상황임을 반영하여 줌을 활용하여 비대면으로도 프로그램을 진행하였다. 선수의 성과 향상을 위해 반드시 필요한 부모 멘탈코칭도 2회기를 진행하였다.

다음은 선수의 코칭 이슈와 선수의 부모가 요청했던 코칭 이슈를 순차적으로 간략하게 정리하였다.

4. 선수 멘탈코칭

1) 진로 결정에 대한 불안

선수 A는 프로구단 드래프트와 진학에 높은 스트레스를 받고 있다고 하였다. 또한, 이러한 진로에 대한 고민이 대부분 부모와의 갈등으로 확대되고 있었다. 이처럼 진로 고민이 갈등으로 확산되는 가장 큰 이유는 선수가 야구를 선택하게 된 계기에 있다. 처음에는 단지 '야구가 즐겁고 재미있어 보였고, 공부보다는 야구가 더 쉽고, 재미있을 것 같다.'라는 단순한 호기심으로 선택했다고 하였다. 그러나 시간이 지남에 따라 점점 더 훈련의 강도가 세지고 경쟁에 대한 심리적인 부담감이 크게 작용하고 있음을 알 수 있었다.

선수 A: "아버지가 야구를 좋아하셔서서 매주 사회인 야구를 하셨는데, 저도 아버지를 따라 다니면서 야구가 재미있어 보여서 시작하게 되었어요. 초등학교 때는 정말 재미있고, 실력도 점점 좋아지고 그래서 진짜 야구가 좋았어요. 그런데 하다 보니 요즘은 실력도 제자리인 거 같고, 조금이라도 실수를 하면 팀에 피해도 가고 자신감도 떨어지고 이게 자꾸 반복이 되면 이런 나 자신도 싫었어요. 야구에 소질이 없는 거 같고 이제 와서 할 수 있는 게 없는 것 같고 그게 너무 힘들고 선후배 관계도 코치님과의 관계도 너무 힘들어서 지금은 그만두고 싶어요. 부모님께서 그동안 힘들게 뒷바라지해 주신 것을 알기 때문에 힘들다는 말도 못하겠고, 이걸 꾹꾹 참다 보니 미쳐 버릴 것 같아요. 내가 야구에 소질이 있는지 이게 제 길인지도 잘 모르겠어요……. 초등학교, 중학교 때까지는 상도 많이 타고 재능이 있다고 칭찬을 받았었는데……. 지금은 진로도 불확실하고, 게다가 요즘은 성적도 안 좋고……. 저도 부모님에게 자랑스러운 아들이 되고 싶은데 생각처럼 안 되네요."

선수 B: "사실 초등학교 때 공부하기 싫어서 운동을 시작했어요. 영어 학원, 수학 학원 가는 것도 재미없고, 야구 하러 가면 수학 학원 가는 것보다 신나고 즐거웠어요. 친구들이랑 신나게 놀고 뛰고 하는 것이 처음엔 재미있었지만 지금은 힘들어요. 차라리 공부를 할 걸……. 하는 생각이 들 때도 있어요. 사실 속마음은 그렇지는 않은데……. 저는 평소에 '후회 없는 선택을 하자.'라는 주의를 가지고 살아왔는데 지금은 경기력도 별로이고, 점점 진로에 대한 압박도 있고……. 그래서 짜증도 심해지고 부모님과 사이도 나빠지고 있어요. 저도 잘하고 싶어요. 근데 개인 기록이 너무 안 좋아서 드래프트에 들기 힘들 것 같아요. 근데 부모님이 압박하시니까 요즘 스트레스를 너무 많이 받아요."

선수 A와 B 뿐만 아니라 멘탈코칭을 의뢰하는 선수들의 대부분은 경기력 향상에 대한 부담감과 자신의 진로에 대한 불안감, 그리고 지금까지 지원해 주신 부모님의 기대에 부흥해야만 한다는 압박감에 더 스트레스를 받는다고 하였다. 여유롭지 않은 경제적인 형편 속에서도 부모님의 아낌없는 금전적인 지원을 받고 있다는 것이 부모님께 죄송

한 마음이 들고, 이제 와서 다른 진로를 선택하기엔 늦었다고 생각해서 스트레스가 가중된다고 하였다. 이러한 이유로 선수들은 시간이 지날수록 점점 더 부모님의 눈치를 보게 되고, 게다가 경기력까지 따라주지 않아 속상하다고 하였다.

운동선수로서 성공하기 위해서는 장기간의 훈련을 이겨 내야 하는 노력은 물론이며, 경기력에 영향을 미치는 심리적 요인인 멘탈 관리는 청소년 선수뿐만 아니라 프로 선수에게도 매우 중요하다. 경기력에 영향을 미치는 다양한 심리적 요인 중 스포츠 상황에서 선수들의 효율적 운동 수행과 잠재된 능력을 개발하고 증대시키기 위해서는 분명한 목표 설정과 목표를 달성하기 위해 노력하는 목표 설정 과정이 중요하다.

2) 궁극적인 목표 설정을 위한 질문

(1) 야구는 ○○ 선수에게 어떤 의미인가요?

(2) 프로 구단에 입단하면 ○○ 선수 인생에서 어떤 점이 달라지나요?

(3) 그것이 달성되었다고 생각하고 그때의 기분을 말해 주세요.

(4) 그 목표가 이루어진 것은 당신에게 어떤 의미가 있나요?

(5) 10년 후의 ○○ 선수가 지금의 자신에게 조언을 해 준다면 뭐라고 하겠습니까?

아주 기본적인 코칭 질문들이지만, 청소년 선수들은 이와 같은 질문을 받아 본 적이 처음이었으며, 이 질문에 답하면서 자신이 왜 야구를 시작했고, 왜 야구를 하고 있으며, 어떻게 야구를 할 것인가에 대한 답을 찾았다고 답하였다.

선수 A와의 첫 코칭 세션에서 나는 다음과 같은 질문을 하였다.

"프로팀에 가게 된다면 어디를 가고 싶어요?"
"저를 뽑아 주는 곳이면, 아무 데나요."

선수 A는 이렇게 답하였다.

나는 그동안의 프로 구단 멘탈코칭 경험을 이야기해 주면서 다음과 같은 말을 해 주었다.

"프로팀은 완벽한 선수를 뽑지 않아요. 물론 재능이 있고 실력이 있는 선수를 선발하지만, 무엇보다도 구단에 들어와서 열심히 훈련하고, 발전 가능성 있는 선수를 선발하려고 찾고 있답니다. 이런 관점에서 보면 A는 자신을 어떤 선수라고 생각하세요?"

이렇게 질문하면서 선수 스스로 포기하지 않고 자신을 돌아볼 수 있도록 하였다.

성공한 선수들의 멘탈 특성을 살펴보면 목표를 달성하고자 하는 '목표 추구의 지속성'과 '목표의 구체성'이 명확하게 설정되어 있다. 그리고 이러한 특성은 선수의 경기력에 결정적인 영향이 있음을 알 수 있다. 그러므로 청소년 선수들이 야구선수로서 성공하기 위해서는 구체적이고 명확한 목표 설정을 할 수 있도록 하는 질문은 필수적이다. 또한, 야구는 한 타석, 한 투구에 따라 희비가 수없이 교차하는 종목이기에 경기력 향상을 위한 자신만의 루틴과 멘탈 기술을 습득하여 좋은 플레이를 계속 이어 가기 위한 선수로서의 긍정적인 자세를 항상 배우고 유지해 나가야 한다.

3) 지도자와의 갈등

프로 구단 및 진학에 대한 진로 결정을 앞두고 선수 A는 지도자의 시합 출전에 대한 선수 선발 기용에 대해 불만이 있다고 하였다. 야구라는 종목의 특성상 시합 출전의 기회가 오지 않으면 아무리 열심히 훈련하고 실력을 배양해도 기록을 낼 수 없고, 어렵게 잡은 기회마저 패배하거나 기록 충족요건이 되기 전에 교체가 되면 심리적으로 위축되고, 모든 것을 다 포기하고 싶은 마음이 들고 운동이 더 하기 싫어진다고 하였다. 지도자의 마음을 이해하지 못하는 것은 아니지만 출전 기회를 기다리는 것에 조급함을 느끼고 있었다. 이런 상황이 지속되다 보니 특정 선수가 계속 기회를 잡으면 의구심이 들어 그 선수가 싫어지고 관계가 악화도 되고, 그것이 경기력과 팀워크에도 문제가 된다고 하였다.

선수 C: "지난 경기 때 잘 던지고 있다가 갑자기 무너져서 우리 팀이 경기에서 패하게 되었어요. 저에게도 팀에도 아주 중요한 시기라서 기록을 만회해야 하는데, 출전 기회가 생기지 않아요. 전보다 연습도 잘 하고 있는데……. 지난번에 잘 던지지 못해서 불안한 마음이 자꾸 커지고 신경이 예민해지고, 잠도 잘 못 자겠어요. 물론 저 말고 다른 친구들도 자기 기록을 내야 하니까 그럴 순 있지만 제게 기회를 다시 안 줄까 봐 불안해요. 우리 팀에도 선수들이 많다 보니까 코치님들이 그걸 이용하는 것 같아요. 지금처럼 잘 못 하면 너 말고 다른 친구를 내보낼 거다 하시고……. 그렇게 해서 제게 자극을 주시려고 하는 말씀은 알겠는데……. 저도 지금 그 어느 때보다 기록이 중요한 상황에서는 그런 얘기가 듣기 힘들어요."

멘탈코치는 선수의 훈련과 경기, 일상생활에서 선수의 생각, 감정, 어려움, 스트레스 등 다양한 상황을 이해하려는 태도가 필요하다. 보통 경기가 시작되면 선수의 긴장감은 점점 고조된다. 선수는 경기가 뜻대로 풀리지 않을 때, 막강한 상대와 경쟁하고 있을 때, 얼마 남지 않은 시간에 마지막 기회가 찾아왔을 때 등 선수에게 경기의 순간순간은 긴장의 연속이다. 이러한 과도한 긴장 속에서 선수가 자신의 감정 조절에 실패하여 부정적인 감정을 쉽게 표출한다면 선수 자신뿐만 아니라 심판, 팀 분위기에도 악영향을 미칠 수 있다. 멘탈코치는 선수가 감정을 조절하고 관리하는 능력은 이성적인 판단을 하고 무엇보다 선수 자신이 편안하게 경기에만 집중할 수 있도록 코칭해야 한다.

(1) 지금 현재의 감정 상태는 어떤가요?

(2) 그와 같은 상황이 발생하는 가장 핵심적인 원인은 무엇인가
요?

(3) 이대로 계속된다면 어떤 상황이 벌어질 것이라고 생각하나요?

(4) 지금 자신을 불편하게 하는 것이 있다면 무엇인가요?

(5) 기대하는 목표를 위해서 지금 당장 내가 할 수 있는 것은 무엇
인가요?

위와 같은 질문에 답하면서 선수는 다음과 같이 느낀 점을 이야기해
주었다.

선수 C: "경기 중에 흥분하면 안 되고, 자신을 냉정하게 봐야 한다고
생각해요. 늘 그렇지만 어려운 상황일수록 자신의 마인드 컨트롤, 감
정 조절이 중요한 것 같아요. 내가 실수를 하든 동료가 실수를 하든 선
수들끼리 그 상황에서 화내지 않고, 서로 파이팅을 해야 한다고 생각
해요. 우리 팀 선수가 실점했을 때도 선수들도 코치님도 감정을 바로
표현하지 말고 조절하는 능력이 필요하다고 생각해요. 이게 쉽지는 않
아요……. 진짜……. 또, 경기가 끝날 때까지 실점, 득점 하나하나에
일희일비하지 않아야 해요. 코치님도 감정 조절을 잘해 주시면 좋겠어
요. 그래야 선수들이 경기를 편안하게 뛸 수 있는데, 코치님이 버럭 화

를 내시거나 소리를 지르면 경기 중에 불안을 느끼게 되거든요."

경기 상황에서는 선수보다 지도자가 더 긴장하고 있을 때도 있다. 선수만큼 지도자 역시 경쟁에 대한 압박과 불안, 긴장과 같은 부정적인 감정을 느끼게 된다. 그러나 이런 부정적인 감정을 밖으로 노출하는 것은 자신뿐만 아니라 지도자에게 의지하고 있는 선수들에게 악영향을 미칠 수 있다. 선수들은 지도자의 언어적 표현뿐만 아니라 표정, 몸짓, 행동과 같은 비언어적 표현을 통해 지도자의 생각을 유추하고 이에 따라 반응하게 된다. 따라서 지도자는 긴장이 최고조에 달하는 극한의 상황 속에서도 침착함과 냉정함을 유지해야 하며, 감정적인 행동보다는 이성적이고 냉철한 판단을 해야 한다.

선수 A는 그동안 부모의 기대와 주변의 관심, 프로 구단 입단뿐만 아니라 대학에도 못 갈 것 같은 불안감이 자신을 힘들게 한다고 했다. 멘탈코칭을 통한 주된 목표는 선수 자신이 뚜렷한 목표 의식을 재확립하는 것에 중점을 두었다. 그리고, 이기고 지고를 반복하는 스포츠 경쟁 상황에서 발생하는 스트레스를 인지하고 이를 자신에게 맞는 방법으로 조절할 수 있는 대안들을 탐색하였다. 그리고 다음 코칭 세션에서는 이를 어떻게 적용했는지에 대해서 구체적으로 공유하는 시간을 가졌다.

5) 실행력을 높이기 위한 질문

(1) 무엇을 실천해 보고 싶은가요?

(2) 예상되는 장애는 무엇인가요? 그것을 어떻게 해결할 것인가요?

(3) 자신이 이 계획을 성공적으로 실행했다는 것을 어떻게 알 수 있습니까?

(4) 이 계획을 달성하고 나면 스스로에게 어떤 보상을 하겠습니까?

(5) 이 계획이 성공하기 위해 누구의 도움이 필요한가요?

선수 A는 멘탈코칭을 받으면서 스스로 실행하기로 한 것을 연습이나 시합 상황에서 적용해 보려고 노력하였고 도움이 많이 됐다고 했다.

선수 A: "코칭이 끝난다고 하니 아쉬움이 많이 남아요. 코칭을 통해 심리적 안정도 생기고 부모님과의 관계도 좋아졌어요. 그동안 앞으로의 진로 때문에 힘들었는데 많은 위로가 되었어요. 그리고, 시합 중에 불안이 생기면 어떻게 대처해야 하는지 잘 알려주셔서 지금은 많이 좋아지고 있어요. 무엇보다도 야구가 다시 재미있어졌어요. 코칭 받으면서 심리적으로 변화가 많이 온 것 같아요. 자신감도 높아졌고, 고민하다가 내가 잘 할 수 있는 폼으로 해 보자 생각하고 투구 폼을 고쳤는데 너무 잘 되는 거예요. 좀 더 일찍 알았더라면 좋은 성적 많이 낼 수 있었는데……. 감사합니다."

5. 부모 멘탈코칭

1) 부모의 스트레스 요인- 재정

선수의 부모가 겪는 가장 큰 스트레스 요인은 자녀의 스포츠 활동에 필요한 재정적 지원이라고 하였다. 유소년 야구선수인 자녀를 위해 많은 재정적 지원을 하고 있었으며, 이 지원에는 선수 활동에 필요한 장비 구매에서부터 훈련과 시합 출전을 위한 경비 등이 있었다.

선수 부모 A: "아들의 야구를 위해 제 연봉의 약 40% 이상을 투자하고 있어요. 솔직히 부담이 많이 돼요. 아내 역시 아들의 선수 생활을 지지해 주고 있지만, 솔직히 재정적으로 저희에게 많은 부담과 스트레스가 돼요. 그리고 항상 딸아이에게 죄책감이 들어요. 왜냐하면 우리 부부가 항상 아들에게만 신경을 쓰고 있고, 우리 가족의 한정된 재정 안에서 아들의 야구에 대부분을 투자하고 딸이 원하는 것에는 투자할 수 없기 때문이에요."

선수 부모 B: "저도 아들의 야구 활동 지원을 위해 집안일 말고 부업으로 아르바이트를 하고 있어요. 그러나 아르바이트만으로는 큰돈을 벌 수 없어서 딱히 크게 도움이 되지 못해요. 재정적으로 제가 크게 뒷받침해 줄 수 없다는 사실이 제게 너무 큰 스트레스로 다가와요."

2) 부모의 스트레스 요인- 자녀의 기량 및 경기 결과

선수 부모들의 또 다른 스트레스 요인으로는 선수인 자녀의 기량에 따른 스트레스이다. 구체적으로, 자녀의 운동 기량과 관련된 스트레스는 부모들의 정신적 건강과 관련하여 매우 부정적으로 작용하고 있었다. 부모들은 모두 자신들의 아들이 뛰는 경기를 관람하는 것에 매우 큰 스트레스를 받고 있었다. 이러한 스트레스는 부모들이 자식의 종목 기량에 갖는 높은 기대치와 그 기대에 부응하지 못하는 자식의 기량이나 경기 결과로 인해 발생한다.

선수 부모 C: "저는 이제 아들의 경기를 보는 게 너무 긴장되어서 잘 볼 수가 없어요. 부모로서 제 아들이 항상 좋은 성적을 내기를 간절히 바라고 있어요. 왜냐하면 좋은 성적을 내어야만 좋은 조건으로 대학이나 프로팀에 입단할 수 있기 때문이에요. 솔직히 아들이 어렸을 때는 아무 긴장 없이 아들의 경기를 볼 수 있었지만, 고등학생이 된 후로는 아들의 경기 성적에 따라 미래가 결정되기 때문에 정말 보고 있기가 힘들어요. 그래서 중요한 경기 때에는 나무 뒤에 숨어서 마음을 졸이며 아들의 경기를 지켜보곤 해요."

부모가 선수인 자녀의 기량과 성적에 대한 높은 기대감으로 인해 만족할 만한 기량이나 시합 결과를 내지 못했을 경우, 부모 특히 아버지는 이에 큰 걱정과 함께 때때로 크게 화를 내기도 한다. 이는 가족의 환경과 분위기에 부정적인 영향을 미치게 된다. 이는 선수는 물론이거니와 형제, 자매에게는 스트레스 요인으로 작용한다. 또한 청소년 선수의 스포츠 활동으로 인해 희생되는 부족한 가족 시간과 부모의 선수에 대한 관심과 집중으로 인해 오는 스트레스가 가족 갈등으로 크게 작용하기도 한다.

부모를 코칭하면서 주로 선수와의 관계나 부모의 역할보다는 부모님 자신의 목표나 꿈에 대한 질문을 많이 하게 된다. 대체로 많은 부모들이 자신의 꿈과 목표는 잊은 채, 자녀의 꿈에 치중하고 있다. 그 결과 자녀가 자신이 원하는 대로 성과를 내지 못했을 때는 좌절감과 상실감을 느끼고, 부모의 희생과 헌신에 대한 보상을 받지 못했다고 생각한 나머지 자녀를 비난하게 되고, 그 결과 가족 모두에게 돌이킬 수 없는 상처를 남기게 된다.

자녀를 위해 좋은 서포터즈가 되기 위해 부모에게 꼭 필요한 질문은 다음과 같다.

〈자녀의 좋은 서포터즈가 되기 위한 질문〉

(1) 부모님 자신이 원하는 삶은 무엇인가요?

(2) 자녀와 어떤 관계가 되기를 원하시나요?

(3) 최소한의 에너지로 목표를 이룰 수 있는 이상적인 환경은 무엇입니까?

(4) 요즘 부모님 자신을 위해서 하고 있는 것은 무엇인가요?

(5) 자녀는 부모에게 어떤 것을 바라고 있을까요?

청소년 시기는 인생의 다른 어느 시기보다도 혼란을 겪는 시기이며 부모와의 대화가 줄어드는 시기이다. 특히, 청소년기의 운동선수는 프로팀 지명, 대학 진학, 학업 등 다양한 진로 선택의 길에 있으며 자아 정체성 확립 시기이기 때문에 스트레스, 자아 존중감, 운동 몰입을 향상시킬 수 있는 다양한 코칭 및 개입 전략의 수립도 필요하다. 부모와 선수의 원활한 의사소통을 통해서 부모는 자신의 상태에 대한 인지가 우선시되어야 하며, 부모 자신의 삶의 목표를 분명하게 하면서 자녀의 정확한 의도를 파악할 뿐만 아니라 지지와 격려를 할 수 있다는 점에서 부모의 의사소통 역량이 자녀가 자신의 진로에 대해서도 확신을 가질 수 있게 한다고 볼 수 있다. 따라서 청소년 선수의 부모는 자녀의 발달 단계에 대한 이해를 바탕으로, 자녀를 지지하고, 신뢰하고, 경청하는 의사소통을 습득하고 추구하는 것이 바람직하다고 할 수 있다.

6. 성과 향상을 위한 멘탈코칭 Tip

1) 효과적인 루틴 만들기

세계적인 선수들은 대체로 자신에게 맞는 각각의 '루틴'을 가지고 있다. 루틴의 가장 큰 목적은 좋은 마음 상태를 만드는 것이다. 선수들이 좋은 플레이를 했을 때 그 당시의 상태를 물어보면 "플레이에 집중해서 아무 생각이 안 났어요."라고 답한다.

　선수들이 최고의 실력을 발휘하기 위하여 습관적으로 하는 동작이나 절차를 사전적으로 '루틴'이라고 한다. 선수들은 원하는 목표를 달성하기 위해 자신의 상태에 맞게 의도적으로 루틴을 설계한다. 루틴은 경기에 대한 불안감을 없애고 집중력을 높이며 심리적인 편안함과 안정감을 가져다주는 긍정적인 영향을 제공한다. 루틴은 선수의 멘탈 컨디션을 최적으로 만들기 위해 만드는 것이다. 루틴은 꼭 만들어야 하는 것은 아니지만, 선수 자신이 좋은 성과를 내기 위해서 루틴이 필요하다고 느낄 때 자신에게 맞는 루틴을 만들면 된다.

〈프로 야구선수 A의 루틴〉

(1) 타석에서 방망이를 우측 겨드랑이에 낀다.

(2) 양쪽 장갑을 조인다.

(3) 헬멧을 벗어 땀을 닦은 뒤 얼굴 아래에서부터 위로 훑는다.

(4) 타격 자세를 잡는다.

(5) 마무리로 땅에 자기만의 선을 그은 뒤, 투수의 공을 기다린다.

　　매우 번거로운 동작이지만 투수와 1구, 1구 상대할 때마다 이 동작을 반복한다.

　다음은 선수의 멘탈력을 높이고 좋은 플레이를 할 수 있도록 하는 루틴 설계를 위한 코칭 질문이다.

〈효과적인 루틴 설계를 위한 7가지 질문〉

(1) 루틴을 만드는 것을 통해서 이루고 싶은 것(목표)이 무엇인가요?

(2) 목표 달성을 위해 반드시 필요한 동작(활동)은 무엇인가요?

(3) 그 동작을 잘하기 위해 필요한 구체적인 활동은 어떻게 만들면 될까요?

(4) 무의식중에도 자연스럽게 수행할 수 있는 루틴을 만들어 볼까요?

(5) 지금 만든 루틴이 괜찮은지 계속 몸을 움직이면서 시험해 보세요.

(6) 루틴을 만들고 움직여 보면서 목표 달성에 적합한지 확인해 보세요.

(7) 확인이 끝난 루틴을 반복해서 연습해 보세요. 습관화하려면 어떻게 하는 것이 좋을까요?

〈몰입을 위한 7가지 질문〉

(1) 어떤 환경이 집중할 수 있는 환경인가요?

(2) 집중이 안 되는 상황은 어떤 환경인가요?

(3) 경기 중 가장 집중이 잘되는 시간대는 언제입니까?

(4) 경기 중 집중이 안 되는 시간대는 언제인가요?

(5) 무엇을 하면 경기에 집중할 수 있나요?

(6) 무엇을 제거하면 경기에 집중할 수 있나요?

(7) 집중력을 올리기 위해 새롭게 하고 싶은 것이 있다면 무엇일
까요?

·· **이영실**

멘탈코칭 컴퍼니의 대표이며 아주대학교 경영대학원, 숭실대학교, 서울사이버대학교 겸
임교수로서 코칭심리학, 코칭기본스킬, 창의성과 문제 해결 등을 강의하고 있다. 멘탈코
칭을 연구하는 교육학 박사이며 멘탈코치로서 사람들이 건강한 멘탈로 일과 삶에서 균형
감을 갖고 자신이 원하는 모습으로 살아가도록 돕는 코칭을 하고 있다. 2018년 평창동계
올림픽 은메달리스트 여자 컬링팀과 2018년 아시안게임 금메달리스트 볼링 선수의 멘
탈코치로 활동하였다. 스포츠, 기업, 학교 등 다양한 영역에서 멘탈코칭 프로그램을 운영
하고 있다. 국제코치연맹(ICF)이 인증하는 전문코치(PCC)이며 한국코치협회 전문코치
(KPC)이다.

홈페이지: https://www.mentalcoaching.company/

보호관찰 소년에 대한
공익코칭

변익상

　2022년이 시작되고 찬바람의 겨울이 끝나가는 3월 초순에 〈소년심판〉[6]이라는 드라마가 크게 인기를 끌면서 우리 사회가 잘 몰랐던 어떤 세계를 노출시켰다. 형법으로 성인이 안 된 청소년이 범죄를 저질렀을 경우 처벌과 계도를 어떻게 할 것인가의 문제는 언제나 많은 관점[7]이 필요했을 것이고 사회적 논란이 뒤따랐을 것이다. 간단하게 생각하여도, 죄질이 나쁜데 가해자의 나이가 어리다는 것만으로 보통의 법 감

---

6)　드라마 〈소년심판〉은 넷플릭스에서 시청할 수 있다. https://www.netflix.com/kr/title/81312802

7)　이런 관점과 논란에 대한 범위는 김혜수 배우의 다음 인터뷰를 참조하면 대강을 파악할 수 있다. https://www.kukinews.com/newsView/kuk202203080260

정과 다른 낮은 처벌을 받는 게 타당한지 의문이 올라오는 것은 당연하다. 또 다른 한편으로는 여러 경험과 사리 분별의 인지가 낮은 상태인 어린 인간의 행동을 범죄로 규정하고 단죄만 한다고 문제가 해결될 것이냐는 의문 또한 사실로 존재한다.

이처럼 감정과 현실, 이상과 법체계 등이 아주 날 선 모습으로 마주 보며 긴장하고 있는 현장의 전선이 보호관찰소와 보호관찰 처분을 받은 청소년 사이에 놓여 있다.

1. 상황을 위해하기 위한 배경

보호관찰소[8](2가지 용어 병용, 보호관찰소 혹은 준법지원센터), 보호관찰위원[9], 보호관찰[10](소년들로만 범위를 좁히자면, 보호관찰을 받도록 법원에서 판결하는 게 보호처분[11]) 등의 자세한 의미 등에 대해

---

8) 보호관찰 등에 관한 법률 제14조(보호관찰소의 설치) ① 보호관찰, 사회봉사, 수강 및 갱생보호에 관한 사무를 관장하기 위하여 법무부장관 소속으로 보호관찰소를 둔다. ② 보호관찰소의 사무 일부를 처리하게 하기 위하여 그 관할 구역에 보호관찰지소를 둘 수 있다.

9) 보호관찰위원에 대한 법률상 규정은 다음과 같다. http://www.copo.or.kr/page/sub2_1

10) 다음 사이트에 자세하게 설명되어 있다. https://bit.ly/3thnlfw

11) 보호처분에 관한 자세한 내역은 이 사이트를 참조하면 된다. https://bit.ly/391uzDf

서는 각주를 참고하기 바란다.

　보호처분의 특별 준수 사항으로서 야간 외출 제한 명령이라는 게 있다. 소년부 판사는 소년들의 비행을 방지하는 데 효과적인 야간 외출 제한 명령을 보호처분의 특별 준수 사항으로 부과할 수 있는데, 그 기간은 1년 이내이다. (실제로는 보호 처분을 받은 소년이 집에 머무르고 있는지를 전자적 방법으로 점검하는 장비에 음성을 등록한 날부터 3개월간 오후 10시부터 오전 6시까지의 외출을 금지하는 방식으로 부과하는 경우가 많다.)

2. 콜 코칭(Call Coaching): 야간 시간 전화 코칭 상담제 도입

　법무부 처지에서는 현행 단순 기계음에 의한 통제와 감독하는 행위 중심으로 이루어진 외출 제한 명령의 한계를 극복하기 위해, 전문 상담사의 상담을 외출 제한 명령과 병행할 필요가 있다는 판단이 생겼다. 그리하여 전문 상담을 통해 외출 제한 대상자들이 집에 머물도록 하는 동기 강화뿐만 아니라, 청소년기 다양한 문제들에 대해 전문적 상담을 받을 수 있도록 '전화 코칭 상담' 도입을 하게 되었다. 이른바 콜 코칭(Call Coaching)이다. 전문가가 야간 시간대 외출 제한 명령 대상자에게 전화를 걸어 10분 이내의 동기강화 방식의 약식 상담을 진행하는 방식이다. (실제에서는 매번 20분을 훌쩍 넘기기 일쑤이다.)법무부에서 기대하는 효과는 새로운 감독 방식 도입으로 대상자 또는 가족들의 수면권 침해 등 다양한 문제를 해소할 수 있을 것이며 야간 시간대 콜 코칭 기법 도입으로 보호관찰 청소년의 취약 시간 지도 감독이 대폭 강화되고, 특히, 상담 기법의 활용을 통해 소년의 반사회적 성행 개선에도 실질적으로 기여하기를 바라고 있다. 2020년 7월에 권고된 사항인데 실제 시행은 2021년 하반기부터 본격화되었을 것으로 추측한다.

3. 우연하게 보호관찰위원이 되다

몇 년 전 미술 치료를 하는 지인이 모 기업과 협업하여 증강 현실 (AR) 기법을 적용하는 컨텐츠를 개발한 적이 있고, 이 내용을 보호관찰 소년에게 활용하는 기회가 있었다. 이 당시 모든 프로그램을 새로운 기법으로만 활용하기에 무리가 있었는지 그룹 코칭 요청이 있었고, 이에 응하게 된 일로 준법지원센터라는 곳을 알게 되었고 보호처분을 받은 소년을 만나게 되었다.

중학교 2학년부터 고등학교 3학년까지 모두 8명이 3시간씩 이틀 동안 총 6시간 진행하는 집중 세션이었다. 상상을 해 보자. 어떤 사건이 있었고, (이유나 상황이나 조건이 어떠하든) 피해자가 생기고, 경찰에서 조사받고, 검찰과 법원 판결의 과정까지 겪은 소년들. 원래의 심성이나 인성을 제쳐 두더라도 이러한 과정에서 얼마나 다양한 부정 감정을 경험하겠는가! 당연하게도 세션을 진행하는 과정에서 가장 큰 어려움은 서로 친밀감을 형성하여 안전한 공간과 시간을 창조하는 일이었다. 나중에 들은 피드백으로는 미래로 향하는 시간의 흐름에 따라 빈 의자에 앉아 자신의 모습과 역할을 상상하는 작업이 가장 인상에 남는다고 하였다.

헤어지는 길에 다 같이 담배 한 대씩 피웠다. 이 중에 축구 선수 출신인데 경기 중 입은 부상으로 선수 생활을 마감하고 폭행 사건에 연루되어 그룹 코칭에 참여한 친구가 있었다. 그 친구가 고맙다면서 담배 한 개비를 쓱 내밀며 주는 것이었다. 가슴이 시원해진다며 피워 보라고 한다. 나중에 그 담배에 대해 알아보니 박하 향이 들어간 제품 중에서 가장 센 것이었다. 그 담배 연기를 한 모금 입에 머무는 동안에 그 친구가 지난 시간 느꼈을 어떤 상황과 심정 등이 한꺼번에 이입되어 온몸에 박히면서 해석되는 경험을 했다. 그동안 얼마나 답답했으면, 얼마나 가슴이 막혔으면 이렇게 해서라도 뚫으려 했을까? 이렇게 준법지원센터와 인연을 맺으면서 보호관찰위원이 되었다.

다음에 나오는 이름이나 상황은 당사자의 비밀 보호를 위해 가명을 사용했고 내용 및 상황 변형이 이루어졌음을 밝힌다.

4. 보호관찰 처분을 받은 소년에게서 많이 보이는 특성

우선은 '사회화'의 미성숙이다. 흔히 생각할 때 고등학교 졸업 정도의 나이나 지적 경험이면 어떤 일이 세상에서 어떤 의미나 의도가 있는지 판단할 수 있을 것으로 생각한다. 그러나 의외로 이런 부분에 관한 판단에서 '감정이 격해져 욱하고 저지르거나', '알면서도 저지르는 상황'은 생각보다 적은 듯하다. 그냥 평범한 일상의 한 부분으로 '특별한 의도나 감각 없이' 수행되는 일이 많다.

내가 처음 만났던 진한(가명) 군도 몸을 많이 쓰거나 시간이 많이 사용되는 일이 아니면서도 큰돈을 준다는 사실에 한 번쯤 의심을 해 봐야 했지만, 일단 큰돈이 생긴다는 일에 아무 생각 없이 보이스 피싱 조직의 수납 대행이라는 일 자체가 수행된 사례이다. 다른 예를 들자면, 배달 업무를 통하여 수익을 올려야 하는 경우가 있다고 했을 때, 보통 사람은 남의 오토바이를 훔쳐서 할 생각을 안 할 것이다. 그러나 이런 상황에서 '그냥' 남의 오토바이를 끌고 와서 일하는 사람이 있다. 이는 개인에게 죄의식이 있고 없느냐 문제와 약간 다른 지점이다.

정말 강조하고 싶은 지점은, '왜 사회화의 미성숙이 발생하느냐?'이고, 이런 지점에서 취약한 사람에게 어떤 대처를 해 주어야 하느냐 하는 방법이다. 즉, 라이프 코칭에서 각 개인의 변화, 발전, 성장 및 성숙은 사회 구조와 밀접하게 연결 관계를 맺고 있다는 점이고, 이 〈시스템〉을 바라보지 못하는 개인 코칭이라는 활동은 사실 매우 취약할 수 있다는 판단이다. 예를 들면, 학습장애나 인지장애는 초등 저학년일 때 발견될 확률이 높다. 이럴 때 부모가 생업에 얽매여 적절한 대처를 못할 수 있다. 또는 부모의 비뚤어진 시선으로 자신의 자식이 그럴 리 없다면서 방치될 수 있다. 이런 상황이 누적되었을 때, 중학생쯤 되면 학습에 흥미를 잃을 수밖에 없고 당연히 학습과 관계된 모든 관계 즉,

학교라는 공간이 만드는 모든 관계(친구, 공부, 교사 등)에서 멀어질 수밖에 없다. 이때라도 이것을 품어 주는 가족이나 학교 시스템이 있다면 다행이지만 그렇지 못하는 경우가 태반이다.

이와 같은 미성숙에 이어지는 공통 특성이라면 '가족 시스템의 결손'이라고 할 수 있다. 대체로 크든 작든 이 부분에서 어떤 결손을 보인다. 진한 군 같은 경우는 초등학교 3학년 이래로 엄마가 부재한 상태였다. (다행스럽게 진한 군은 할머니가 중학교 3학년까지 주양육자 역할을 충분히 하셨다.) 정상 가족 이데올로기를 개입시킬 필요는 없을지라도 가족 시스템에서 공백은 분명해 보인다.

앞서 말한 두 요소와 연결되는 강력한 상관관계가 있으면서 공통 요소로 느끼는 것은 보호관찰처분을 받은 이들이 보이는 '무기력'이다. 실제로 대화를 해 보면 '미래를 상상'하는 게 이들에게는 무척 어려운 일이다. 더구나 그 상상을 '구체적'으로 한다는 일은 더더욱 어려운 일이다.

이들이 느끼는 무력감은 앞에서 언급한 조건과 상황들이 모두 중첩되어 일으키는 상황으로 판단해야 한다. 한 개인의 힘으로, 실존적 상황으로 어찌할 수 없는 상황이나 조건이 있을 수 있겠지만, 그런데도 우리 사회는 그러한 개인을 좀 더 품어 나가면서 예방 조처를 하고 사회 전체 역량을 키워 나가는 방향을 꿈꿔야 한다. 꿈이라도 꿔야 현실에서 지푸라기 한 줌이라도 움켜쥘 수 있는 것 아니겠는가?

"과연 이 세상의 일은 나 자신과 상관이 있는가? 세상이 나에게 뭔가를 해 주는 게 있기는 한가? 내가 무언가를 한다고 하더라도 과연 세상은 반응하거나 대답을 해 주기나 할까?"

이 같은 질문으로 머릿속이 꽉 차 있는 젊은이가 있다고 상상해 보자. 코치는 그들에게 어떤 질문을 해야 하며, 어떤 성찰과 자각을 끌어내야 하는가?

5. 무기력한 이방인, 상훈 군의 코칭 사례

상훈 군(가명)은 2022년 현재 중학교 3학년 학생이며 외동이다. 학교는 등교하고 있지 않다. 아버지는 60세가 넘은 제화 노동자이며 엄마는 베트남에서 대학교를 졸업하고 결혼을 통해 이주했다. 작년 7월 이후 부부는 별거하고 있다. 부부의 나이 차이는 거의 20살을 넘는다. 엄마는 현재 베트남에서 건너온 친언니와 살고 있으며 봉제 공장에서 미싱사로 일하고 있다. 엄마의 연락으로 상훈 군과 가끔 만나며 만날 때마다 소액의 용돈을 제공하는 것으로 보인다. 엄마는 한국어가 유창한 편이 아니다. 상훈 군 본인의 표현으로는 엄마의 출신 지역이나 자신의 외모 때문에 학교생활에서 큰 어려움은 없었다고 한다.

상훈 군의 일상은 대체로 새벽쯤 자고 어스름한 오후 늦게 일어나 활동하는 패턴의 반복이다. 다음 대화를 통해 생활 방식을 상상해 보

자. 상훈 군의 일상생활이 얼마나 낙담으로 가득 찬 무기력한 흐름의 반복인가 느껴지길 기대한다.

코치: 아빠가 출근한 다음, 집에 혼자 있으면서 뭘 해요?

상훈: 일어나자마자 혼자 라면 끓여 먹거나 그래요.

코치: 아침 겸 점심으로 라면을 먹고, 그다음에는?

상훈: 혼자 방에서 누워 있어요.

코치: 뭐 하면서 누워 있어요?

상훈: 그냥 유튜브나 그런 것들 보면서.

코치: 그 밖에는 또 뭘 해요?

상훈: 주로 놀러 나가요.

코치: 놀러 가면 어디로 가요?

상훈: PC방이나 노래방이요.

코치: PC방 가서는 주로 뭐 해요?

상훈: 컴퓨터 게임하고 노래 들어요.

코치: 게임은 어떤 점이 재미있어요?

상훈: 애들끼리 다 같이 하는 점에서 재밌어요.

코치: 일주일에 몇 번 가요?

상훈: 일주일에 서너 번 밖에 안 나가요.

코치: PC방, 노래방 갔다가 집에 오면 그다음에는 뭐 해요?

상훈: 그냥 누워 있어요.

코치: 누워 있으면서 뭐 해요?

상훈: 누워 있을 때는 틱톡이라는 앱을 많이 봐요.

코치: 주로 뭘 보나요?

상훈: 주로 그냥 추천이 뜨는 것들이요.

코치: 그냥 화면에 뜨는 대로?

상훈: 네.

아마도 상훈 군과 학교 공부 혹은 학습 방법에 관해 대화한 것은 다음 내용이 처음일 것이다. 상훈 군은 자신이 학교에서 퇴학을 당했는지, 정학 등의 징계를 받았는지 등등의 상태에 대해 전혀 모르고 있었다. 다만, 전학을 가는 게 학교생활에 유리할 뿐이라는 생각만 하고 있다. 동시에 학교 측에서도 상훈 군에 대해 어떤 조처를 했다는 흔적도 보이지 않는다. (나중 대화에서 확인한 내용이지만, 전학을 위해서는 이사를 해야 하는데, 집안 경제 사정으로 포기한 듯하며, 본인도 검정고시에 관해 고려하고 있다.) 아래 대화는 공교육 현장에서(학습 역량 강화를 위해) 좀 더 개인화된 서비스가 가능하다면 사회가 미래에 감당해야 할 여러 가지의 어려움을 사전에 방비할 수 있다는 시사점을 주는 장면이다.

코치: 좋아요. 지난 이틀 동안 게임하고, 게임하다가 유튜브 보다가, 이렇게 밤낮을 거꾸로 살았어요.

상훈: 네.

코치: 그러는 동안에, 뭔가 좀 다른 걸 해 보겠다든지 그런 생각한 게

있을까요?

상훈: 하나도 없었어요.

코치: 지난번에 수학이 좀 어렵다는 이야기를 한 적이 있어요. 그래서 수학 문제집 같은 거 좀 해 볼까 이런 이야기도 잠깐 했죠? 그런데 어땠어요?

상훈: 하려고 했는데, 너무 귀찮기도 하고 그래서 안 했어요. 미안해요.

코치: 하려고 했다는 마음은 어떤 마음이에요?

상훈: 노력? 공부하려는 거요.

코치: 근데 귀찮았다고 하는 마음은 또 어떤 마음이에요?

상훈: 귀찮은 거 하려고 해도 마음대로 안 돼요. 안 돼서 그 부분이 귀찮았던 것 같아요.

코치: 무엇 때문에 마음대로 잘 안 되는 것 같아요?

상훈: 핸드폰 때문이에요.

코치: 핸드폰 때문에? 핸드폰이 왜 잘 안 되는 이유인가요?

상훈: 핸드폰이 있어서 공부하기가 그래요.

코치: 핸드폰이 옆에 있어서, 자주 핸드폰을 쳐다보다가 게임하거나 유튜브도 하거나 그렇다는 말인가요? 그러면 핸드폰을 좀 멀리하면 되잖을까 이렇게 말하는 사람도 있을 것 같은데…….핸드폰을 좀 멀리한다, 핸드폰을 덜 쓴다. 이렇게 말한 사람이 있다면 어떨 것 같아요?

상훈: 모르겠어요.

코치: 지금 핸드폰 때문에 뭔가 하기 귀찮다, 이런 마음이 든다, 이렇게 말했는데 그건 이제 왜 자기가 수학 공부하는 게 귀찮은가를 알아차린 거네요.

상훈: 네.

코치: 그렇게 이야기하니까, '내가 귀찮은 이유가 그것 때문이다.'라고 내가 알아차려서 말을 하니까 느낌이 어때요?

상훈: 그래요. 조금.

코치: '조금'이라는 게 무슨 뜻이죠?

상훈: 별로예요.

코치: 별로라는 건 무슨 뜻일까요?

상훈: 공부 그런 거 좀 하려고 해도 마음대로 안 되고, 핸드폰 때문에 핸드폰만 하고 그래서 그래요.

코치: 그러니까 자기 자신한테 조금 속상하다 이런 뜻으로 보면 될까요? 예를 들면 자기 스스로 어떤 기준을 못 정한 거라고 봐도 될까요?

상훈: 네.

코치: 음, 그러면 핸드폰을 하루에 몇 시간 정도 보면 가장 좋을 것 같아요?

상훈: 여섯 시간.

코치: 실제로는 몇 시간 쓰고 있어요?

상훈: 열 몇 시간이요.

코치: 지난번에 내게 수학이 현재는 10점 정도인데 앞으로 전학 간

학교에서는 50점 넘었으면 좋겠다. 이런 말한 거 기억나요?

상훈: 네.

코치: 그것처럼 지금 핸드폰을 하루 열 몇 시간 사용하는데 6시간만 사용했으면 좋겠다. 이런 목표를 세울 수 있다는 거죠. 그러면 실제로 상훈 군이 해 볼 만한 목표를 세워 보면 몇 시간 할 수 있을까요?

상훈: 6시간에서 7시간 정도요.

코치: 그 정도로는 줄일 수 있을 것 같아요?

상훈: 지금 당장은 힘들 것 같아요.

코치: 그렇다면 지금 당장 해 볼 수 있는 목표를 세워 본다면?

상훈: 핸드폰을 좀 자제하고 공부하기

코치: 핸드폰을 열몇 시간 사용하는 데에서 몇 시간을 자제하면 지금 당장 할 수 있을까요?

상훈: 4시간 정도 자제하면 할 수 있을 것 같아요.

코치: 좋아요. 서너 시간 정도 줄이는 걸 목표로 하면 뭐가 가장 어려울까요?

상훈: 공부할 때 핸드폰 옆에 있으면, 핸드폰 볼 것 같아요.

코치: 그러면 그 어려운 걸 이겨 내려면, 뭘 어떻게 하면 가장 좋을까요? 다시 말하면 휴대폰이 유혹하는 데 안 넘어가려면 뭘 해 보면 좋을까요?

상훈: 핸드폰을 다른 방에 두는 거.

코치: 다른 방에 두는 거. 혹시 그렇게 해 본 적 있어요?

상훈: 아니요.

코치: 안 해 봤어요? 그러면 완전히 새로운 방법을 생각해 낸 거네요.

상훈: 네.

코칭 세션에서 고객의 목표 자각이나 실행 동기를 찾기 위해서는 관점의 전환이나 사고의 확장 등이 중요하다고 흔히 이야기한다. 상훈 군의 처지에서는 그냥 하루하루를 보내는 것도 전혀 문제가 없는데, 이것저것 물어보는 코치의 질문이 얼마나 하찮고, 의미 없고, 짜증 날 수 있겠는가? 그가 비록 동네 등의 어떤 세력권에서는 일정한 역할을 할지 모르나 이제 겨우 16살이다. 그 나이조차도 '보통의 기준(이런 기준이 있는지 모르지만)'에 의하면 참으로 팍팍한 환경과 조건을 통과한 답답한 상황이다.

상훈 군은 2022년 7월에 한 달간 소년분류심사원에 입원하는 일정이 예정되어 있다. 그곳에서 심사 및 분류 결과에 따라 이후 상황이 또 달라질 수 있다. 예를 들면, 상훈 군은 검정고시에 대한 본격 준비 같은 일을 7월 이후로 미루는 생각을 하고 있었다.

상훈 군과 대화하면서 코치가 중점을 뒀던 부분은 '미래를 상상'하는 쪽이었다. 그 내용이 부정확하거나 부실하더라도, 지금 자신이 가진 상황이나 조건과 다른 시간과 공간이 있을 수 있음을 느끼게 해 주고 싶었다. 다음의 대화 내용도 어설프지만(실제로 실현될 수 있을지 혹은 없을지 모르지만) 작은 변화의 실마리는 될 수 있을 것 같다.

상훈 군이 생각의 범위를 넓혀 본 처음 경험이 다음의 대화이다. 조금 긴 대화이지만 일상생활과 사회생활 차원에서 접근해 본 시도이다.

코치: 오늘은 무슨 이야기를 하면 상훈 군에게 도움이 될까요?

상훈: 성인이 되어서 어떻게 살 건지.

코치: 좋아요. 성인이 돼서 어떻게 살 건지에 대해 이야기해 봅시다.

상훈: 네.

코치: 성인이 되려면 무엇을 준비해야 할까요?

상훈: 부모님께 미리 배우는 것도 준비니까 그런 걸 해야죠.

코치: 뭘 배워야 한다고 생각해요?

상훈: 밥하는 거랑 그리고 어떻게 하면 공부할 수 있는지 그런 것들이요. 어떻게 하면 돈 벌 수 있는지도.

코치: 그러면 가장 쉬운 것부터 이야기해 볼까요? 밥하는 법은 알아요?

상훈: 아니, 몰라요.

코치: 그리고 또 뭘 배워야 한다고 생각해요?

상훈: 그리고 김치볶음밥 하는 법.

코치: 엄마가 한 거 구경한 대로 한번 말해 보세요.

상훈: 엄마가 일단 김치를 자른 다음에, 기름인가 그걸 부은 다음에, 달걀을 노른자만 안 익게 해 놓고, 김치랑 밥이랑 깨랑 볶는 거 봤어요.

코치: 맞아요. 그렇게 해요. 정확하게 봤네. 그렇게 하면 돼요. 그러면 또 배워야 할 것은 뭐가 있을까요?

상훈: 그리고 딱히 더 배울 거 없는데……. 설거지하는 거요.

코치: 설거지하는 법. 그렇죠.

상훈: 그다음, 그다음은 저도 잘 모르겠는데.

코치: 빨래할 줄 알아요?

상훈: 맞다. 빨래가 있구나. 아니요. 몰라요.

코치: 또 뭘 배워야 할 것 같아요?

상훈: 그다음은 방 청소.

코치: 응, 그렇지. 청소하는 법도 배워야 되겠죠. 또 뭘 배워야 할 것 같아요?

상훈: 그다음은 저도 잘 모르겠어요.

코치: 지금까지는 집안일에 관계된 거였고, 이제 집안을 벗어나면 뭘 배워야 할 것 같아요?

상훈: 장 보는 거.

코치: 장 보는 거! 좋아요. 이제 집을 벗어나서 또 배워야 할 것은?

상훈: 저도 잘 모르겠어요.

코치: 오토바이 배우고 싶은 생각 없어요?

상훈: 전 오토바이보다, 차 운전하고 싶어요.

코치: 차 운전 좋아요. 좋아. 운전면허증을 따면 뭘 하고 싶어요?

상훈: 놀러도 가고, 아빠가 해 보고 싶다는 거 해 봐야죠. 아빠가 저에게 제가 차를 사면 같이 바다 낚시터 가는 게 소원이래요.

코치: 운전 면허 따는 것 외에 또, 바깥에서 하고 싶은 게 뭔가요?

상훈: 성인이 되면 술집 가 보는 거요.

코치: 정식으로 술집에 가 보고 싶다. 좋아요. 술집에 가서 술을 마시는데, 그런 데서 배워야 될 건 뭐가 있을까요?

상훈: 취하기 전까지만 마시기.

코치: 방금 이야기한 그런 규칙 하나만 더 찾아볼까요?

상훈: 안전하게 마시기.

코치: 좋아요. 하나만 더!

상훈: 하나 더 있을까요? 하나 더 있을지 모르겠는데……. 술집에서 사고 치지 않기.

코치: 예를 들면, 어떤 사고?

상훈: 누구와 시비 붙었다고 때리지 않기.

코치: 좋습니다. 그러면 성인은 몇 살부터라고 생각해요?

상훈: 저는 딱 스무 살이요.

코치: 스무 살, 좋아요. 그러면 먹는 일, 살림하는 일 말고 성인이 되어서 사회인으로 준비해야 할 일은 무엇인지 이야기해 봅시다. 뭘 준비해야 할 것 같아요?

상훈: 일단은 회사에 취직하는 거요.

코치: 어떤 회사에 취직하고 싶어요?

상훈: 공무원 쪽으로 취직하고 싶어요.

코치: 공무원 쪽으로? 좋아요. 공무원도 굉장히 다양한데 혹시 어떤 종류의 공무원인지 생각해 본 적 있어요?

상훈: 그냥 일반 회사와 똑같이 그냥 컴퓨터로 하는 작업 같은 그런…….

코치: 컴퓨터로 일하는 공무원? 그러니까 사무직 공무원을 말하는 거군요? 좋습니다. 혹시 공무원이 되려면 어떻게 해야 할까요?

상훈: 공무원이 되려면 그냥 공부나, 뭐 그런 거를 많이 해야 되지 않을까요?

코치: 세상에서 살아가기 위해서 어떤 준비를 해야 한다고 했지요? 그러기 위해서는 뭐가 가장 필요할까요? 구체적인 게 뭐가 있을까요?

상훈: 구체적인 것은 회사에서 잘 살아남는 거. 노력하는 그런 거?

코치: 노력하는 거 다음으로 또 뭐가 필요할까요?

상훈: 노력하는 것 다음으로 공부 그런 것들이 필요하지 않을까요?

코치: 공부하는 거. 좋습니다. 그다음에 하나만 더 찾아보면 또 뭐가 필요할까요?

상훈: 하나만 더 찾아보자면, 하나를 더 찾아보자……. 더 있을까요? 잘 모르겠네요.

코치: 상상을 해 볼까요? 거기서 살아남으려면 공부, 노력 그 다음에 또 뭐가 필요할까요? 한 가지만 더.

상훈: 컴퓨터를 잘하는 거요.

코치: 컴퓨터를 잘 활용할 줄 아는 능력? 좋아요. 컴퓨터 잘 써요?

상훈: 잘 못 쓰죠. 게임할 때만 자주 쓰는 거로 보고 있어요.

코치: 혹시 인터넷 검색은 해 봤어요?

상훈: 그런 건 잘해요.

코치: 그러면 됐지! 그러면 일단 기본은 됐죠. 그다음에 다른 것들은 조금씩 그때그때 배워 나가면 되고. 지금 이렇게 합격시켜도 되겠는데요!

코칭에서 흔히 말하는 종결 세션은 아니지만, 우여곡절을 겪으면서 상훈 군과 헤어질 때가 되었다. 짧게는 15분 정도에서 길게는 40분 정도까지 대략 25번 정도의 대화였다. 다른 동년배의 친구와 비교했을 때 상훈 군은 아예 출발선이 다르거나 아니면 상훈 군이 달리는 운동장의 모양새나 재질이 다를 수밖에 없다. 그렇지만 '인생 재미있게 살아 보자.'가 통용되는 삶과 생활과 미래가 열리기를 기대한다.

코치: 그동안 저와 이야기하면서 도움이 된 게 있다면 어떤 점이었을까요?

상훈: 그냥 혼자 알고, 좀 힘들었던 게 코치님과 이야기하면서 코치님이 들어주니까, 친구처럼 고민거리 풀 사람도 생기고 그래서 솔직히 좀 편했어요.

코치: 그랬군요. 그러면 혹시 불편했던 것도 있었나요?

상훈: 그런 거는 하나도 없었어요.

코치: 감사합니다. 그러면 이제 그동안 우리들이 했던 이야기를 바탕으로 앞으로 어떻게 생활하거나 개척하고 싶어요?

상훈: 그냥 진짜로 재미있게 인생 살아 봐야죠.

코치: 그렇게 말하는 대로 꼭 살아갈 수 있는 가장 큰 힘이 있다면, 어떤 힘 때문에 가능할까요?

상훈: 코치님이 알려줬던 대로 '이렇게 하면 네가 잘 살 수 있을 것 같냐?' 이런 거 때문에 잘 알게 된 것 같아요. 코치님 덕분에.

코치: 이런 상황에 이렇게 하는 게 어떻겠냐 이런 이야기했던 거 말이죠?

상훈: 네.

코치: 꼭 그런 힘들을 발휘하면 좋겠어요. 그래서 계획했던 대로 여러 가지 일들을 성취하면 좋겠습니다.

상훈: 네.

코치: 어려울 때마다 머리에 떠올릴 수 있는 본인만의 구호나 슬로건을 생각해 본다면 뭐라고 하고 싶어요?

상훈: 없는 것 같아요.

코치: 없어도 지금 하나 정해 보면 어떨까요? 머릿속에서 자기를 위해서 구호를 하나 딱 정하면?

상훈: 없긴 한데…… 그래도 인생 재미있게 살아 보는 그런 거.

코치: 인생 재미있게 살아 보자?

상훈: 네.

코치: 좋아요. 어떤 어려움이 있거나 힘든 일이 생기면, 그때마다 속으로 '인생 재미있게 살아 보자.' 구호를 외치세요.

상훈: 네, 알겠습니다.

코치: 그동안 전화 열심히 받아 주고 이야기 잘해 줘서 고마워요. 아

빠, 엄마한테 잘하고, 좋은 아들 되기를 바랍니다.

상훈: 네, 알겠습니다.

코치: 네, 건강하게 잘 지내고 필요하면 언제든지 연락하세요.

상훈: 감사합니다.

6. 코칭의 성과와 성찰

필자는 예전에 가졌던 직업의 연관성으로 수학이나 과학 분야에서 영재라고 불리는 청소년을 자주 만나는 편이다. 이들 중에서도 가끔은 엇나간 부모의 욕망 때문에 아이가 '시들고' 있는 상태라는 느낌을 받는 경우가 가끔은 있다. 그러나 일반화할 수 있을 정도로 가족의 재무적 건강 상태는 보통 이상이며, 부모의 자녀에 대한 애정은 진심에서 우러나온 미래 지향적이다. 또한, 대체로 이러한 조건과 배경의 청소년은(주로 지식에 관련된 일이기는 하지만) 현재의 역량을 높이기 위해 과도하다고 느껴질 정도의 시간 배분과 에너지 투여를 한다. 당연히 그들의 지향점은 미래이다.

준법지원센터를 통해서 만난 청소년은 정확하게 이 반대의 조건과 상황을 가지고 있다. 코치로서 가장 크게 낙담하는 장면은 이들에게 '미래'에 관한 질문을 할 때이다. 대체로 그들의 반응은 무감각 그 자체이다. 곰곰이 생각해 보면 내가 그들의 상황이라도 이해는 된다. 흔히 인간의 발달 과정 중에 굉장히 중요하다고 논의되는 '애착'이 제대로 형성되지 않았을 거라고 추론할 수 있을 정도이다. 또한, 공통으로 파악되는 지점은 이들이 가장 많은 시간을 보내고 공간을 공유했을 '학교'에서 감당해야 할 조금 더 적극적이고 능동적인 조처들이 매우 미약하게 감지된다는 사실이다. 이런 상황 판단을 뒤집어 이야기한다면 한국 사회가 가지고 있는 여러 불합리한 모습의 반영이라는 점이다.

모든 코칭 세션이 항상 고객의 자각과 성찰을 통해서 실행의 결과를 낳은 것은 아니지만, 그래도 보통의 경우에는 고객과 코치가 서로 만족하는 훈훈한 결말로 끝나는 경우가 많을 것이다. 그러나 보호관찰처분을 받은 청소년에 대한 코칭은 도돌이표인 경우가 많다. 코치가 가진 역량의 한계로 인하여 나타난 결과이기도 하겠지만, 다른 한편으로는 한 개인이 어찌할 수 없는 경쟁 궤도에서 사회 전체가 조금씩 나눠 가져야 할 책임을 외면하고 있기 때문이라는 느낌도 받는다. 온갖 힘을 다 들여서 바위를 정상까지 밀어 올렸지만, 다시 굴러 내려가는 바위를 바라보는 시시포스의 심정을 되새겨 본다.

그래도 위안으로 삼자면, 코치와 가진 짧은 대화 속에서, 처음 해 보는 이야기가 있었고, 처음 들어보는 질문으로 당황하면서도 뭔가 대답을 하기 위해 끙끙거리고, 같은 편이라는 느낌으로 약간 흥분된 어조로 '고맙다.'라는 말을 할 때이다.

앞에서 언급한 상훈 군의 사례처럼 아주 작지만, 변화를 일으키는 사실 자체는 충분히 존재한다. 그래서 코치는 시시포스가 되는 게 아니라 시시포스의 낙담을 되새김하면서 더욱 주의하고자 할 따름이다. 보호관찰처분을 받은 소년을 대상으로 하는 콜 코칭이 법률상 의무로 진행되는 세션이라 다양한 제약이나 한계가 있을 수 있지만, 그런데도 이들이 건전한 민주 시민으로 성장하는 데 작은 디딤돌이 되어 주는, 보이지 않는 작은 씨앗이라고 믿는다.

··· **변익상**

코칭에는 다양한 요소가 영향을 미치고, 그에 따른 상호작용이 효과를 발휘하리라는 믿음을 가지고 [융합&공감 코칭연구소]를 운영하고 있다. 청소년과 그들의 학부모를 주로 만나면서 '현재'의 감성과 구조와 프레임이 '미래' 세대의 주역을 어떻게 형성하고 키워 나가는지 살펴보고 작은 한 조각을 만드는데 거들고 있다. 이 과정에서 괴로움을 느끼고 한탄을 하며 치솟는 분노로 어찌할지 모르기도 하다가, 은근하게 퍼지는 작은 따스함으로 세상을 다 가진 듯 미소 짓거나 또렷한 희열을 느끼기도 한다. 코칭 세션에서 '언어'와 '감정'의 역할이 매우 큰 것에 주목하고 있으며 습득하는 지식을 이 방향으로 연결하려고 애쓰고 있다. 또한 기계학습이 코칭계에 미칠 영향을 주시하면서 '자연어 처리(NLP, Natural Language Processing)' 알고리즘을 익히기 위한 프로그래밍작업을 하고 있다. (사)한국코치협회 정회원이며 전문코치(KPC)로 활동하고 있다. 공저로『코치 100% 활용하는 법』이 있으며, 역저로 흉악 범죄자들의 법의학 정신분석을 다룬『충동과 광기의 암호를 해독하다』가 있다.

이메일: karlobyun@gmail.com
온라인 브로셔: http://karlobyun.wix.com/poohbear
블로그: https://poohbear-uncle.tistory.com/

COACHING————————————————————

참여자들의 역동으로
탁월하고 효과적인 성과 향상

그룹코칭

10대 자녀의 진로와 학습을 위한
부모 그룹코칭

남상은

　10대 자녀의 진로와 학습을 위한 부모코칭은 사실 청년들의 이야기를 자주 듣게 되면서 시작되었다. 많은 시간을 대학에서 청년들의 진로와 학습에 대한 고민을 들으며 그들의 이슈와 함께했다. 한 해에도 많게는 수백 명, 적게는 수십 명의 다양한 청년들의 삶을 만나면서 그들의 현재 이슈 안에는 10대 시절에 해결하지 못했던 과제가 있음을 발견하게 되었다. 공부하고 싶은 열정이 있으나 학습할 수 없었던 상황과 사정, 그리고 부재한 전략, 공부하라는 사람은 많고 가르치는 사람도 많으나 지지하고 격려하며 파트너로 함께 걸어 주는 사람은 부재한 현실, 자기를 모른 채 공부의 신들의 학습법을 사용하고, 자기를 모른 채 남들의 꿈을 진로로 선택하고, 자기를 모른 채 자기가 문제라고 생각했던 과거의 그들에게 미안하기도 했고 여전히 그 문제를 안고 사는 그들이 안쓰럽기도 했다. 이들은 자기 안의 고유하고 독특한 탁월함이 있음에도 불구하고 때론 이런 이야기들을 하면서 자신의 탁월함을 발목 잡고 있었다.

"부모님으로부터 들었던 '네가 뭘 하겠어……', '네가 그렇지 뭐……' 하는 이야기가 나도 모르게 내 안에서 들려요."

청년들도, 코치인 나도 부모들을 탓하려는 것은 아니다. 부모들이 그들에게 왜 그런 말을 했는지 충분히 이해하는 까닭이다. 어쩌면 코치이기 이전에 부모이기도 한 나는 청년들에게 그렇게 말했던 부모들의 진심이 사실은 비난이 아니었음을 알기에 더욱 마음이 아팠는지도 모르겠다. 자녀들을 향한 진심을 진심 그대로 표현할 수 있었다면 어땠을까. 어쨌든 청년들의 안쓰러웠던 10대 시절 이야기는 나의 삶에 돌을 던졌다. 뿐만 아니라, 10대 중·후반부의 시기를 사는 딸들의 고민, 종종 만나는 10대들의 학습과 진로에 대한 고민, 고민의 시간 없이 10대를 보낸 20대들의 고민, 10대 때의 상처로 여전히 자신을 채근하는 20대들의 고민, 자녀들의 고민을 내 것으로 끌어안은 부모들의 고민, 자녀들의 고민이 이해되지 않는 부모들의 고민이 자꾸 나의 삶을 노크했다.

10대들의 20대가 좀 더 희망적이기를 바란다. 20대들의 이미 지나간 10대의 시간이 사실은 그들을 성장시키는 시간이었음을 알게 되기를 바란다. 그래서 그들의 부모들을 만나기를 소망했다. 아이들이 가진 각자의 독특성과 존귀함을 알아주는, 아이들이 가진 자기만의 방식을 이해하고 격려하는 부모들로 존재해 주기를 소망하는 마음으로 10대 자녀의 진로와 학습을 위한 부모코칭은 시작되었다.

1. 열일곱 살 딸의 이야기

어느 날 아이가 말했다.

"엄마, 난 엄마, 아빠가 내가 뭘 하든 지지해 주고 응원해 줘서 너무 고마운데, 때론 '이런 걸 하면 좋겠다.'고 확실한 걸 말해 주면 좋겠어요."

적잖이 당황스러웠다. 순간순간 관찰되는 강점과 특징들을 잘 보고 또 보여 줬다고 생각했기 때문이었다. 그래서 다시 물었다.

"확실하게 '이거 해라.' 하면 엄마, 아빠가 너를 정해 주는 느낌이 드는데. 괜찮을까?"

아이가 말한다.

"물론 엄마, 아빠가 나를 잘 이해하고 나에 대해 잘 애기해 줘서 좋은데, 때론 확실하게 애기해 줘도 좋을 것 같아요. 나의 시각이 있지만,

믿을 만한 어른들의 시각은 어떤지 궁금하거든요. 내가 생각하고 있는 게 맞는 건지 나는 잘 모를 수도 있고. 엄마, 아빠가 얘기해 주면 내 생각이랑 비교해 볼 수도 있으니까."

10대 중반을 넘어가며 아이들은 스스로 자신의 진로를 고민하기 시작한다. 에릭슨(Erikson)의 심리사회적 발달 단계에 따르면 청소년기는 자아정체감을 형성해 가기 시작하는 시기이기에 더욱 자신의 방향성에 대해 탐색하고 선택하고 싶은 욕구가 올라오는 것이라 할 수 있다. 진로 고민을 시작하는 아이들의 10대 시기, 믿을만한 어른인 부모는 무얼 해야 할까? 진로가 고민인 10대 아이들에게 무엇을 어떻게 하는 것이 좋은 부모 역할일까?

2. 그룹코칭의 시작: "나" 나누기

부모 그룹코칭은 2시간씩 총 3회기로 구성되었고 4~8명의 부모가 참여했다. 자녀들의 이야기를 함께 나누고, 과정 안에서 때론 자녀들과 대화 실습을 하고 와야 하는 시간이 있기 때문에 참여 전 자녀들의 동의서를 받았다. 부모의 코칭 참여에 대해 자녀들의 허락을 구한 것이다. 이 동의서를 자녀들에게 받은 것은 "너의 진로와 학습 이야기를 해도 될까?" 하는 허락을 구하는 의미이기도 했고, "우리가 이런 공부를 하려고 하는데, 이 학습에 너의 도움이 필요해."라는 메시지를 전하기 위함도 있었다. 또한 이 과정에서는 U&I 학습유형검사를 통해 부모는 성격유형을, 자녀들은 학습유형을 사전에 진단하기 때문에 자녀들이 사전 검사에 대해 성실하게 참여해 주기를 요청하는 차원도 있었다. 코칭 과정에 참여하는 부모들은 실제로 이렇게 자녀들에게 허락을 받고 시작하니, 세션과 세션 사이에서 일어나는 대화 실습에 아이들이 생각보다 잘 참여해 주었다는 피드백을 전해 주기도 했다.

그룹코칭 과정에서 U&I 학습유형검사를 선택한 이유는 다른 성격유형검사에 비해 학습과 진로의 측면에서 개발된 검사 도구이기 때문이다. U&I 검사는 학생들에게는 성격에 따른 학습 스타일을 제시해 주고, 개선 방안을 설명하고 있으며, 현재의 생활에서 겪고 있는 학습 방해요인을 설명한다. 성인에게는 성격에 따른 삶의 방식, 경험의 방식(성인에게는 삶의 방식과 경험의 방식이 바로 학습 방식이라고 할 수 있다.)을 설명해 준다. 부모와 자녀 둘 다 실시하는 이유는 검사를 통해 부모-자녀 간 유사점과 차이점을 알 수 있고, 이를 통해 서로 다름을 인지하게 되며, 다름을 알아차리는 것을 통해 서로를 이해할 수 있게 되기 때문이다. 물론 U&I 검사 외에도 좋은 검사 도구는 많다. 상황과 전문가의 판단에 따라 가장 적절한 도구를 선택해서 사용할 수 있다. 필자가 U&I 유형검사의 개발자 또는 관계자가 아니므로 검사에 대한 설명은 여기까지. 검사 도구가 궁금하다면 검색해 보시길 바란다.

첫날 첫 만남은 언제나 그렇듯 어색하다. 대부분의 코칭 과정에서는 시작 지점에서의 친밀감과 신뢰 관계 형성을 중요하게 생각한다. 자녀들의 학습과 진로에 대한 이야기를 나누는 이 과정은 부모나 자녀의

속 얘기를 해야 하는 상황이 대부분이기에 첫 시간이 더욱 중요했다. 이를 위해 몇 가지 질문을 하고, 부모들은 돌아가면서 자신의 이야기를 한다. 첫 질문은 다음과 같다.

(1) 어디에 사는 누구인가요?
(2) 자녀들은 몇 학년인가요? 성별은요?
(3) 자녀를 키우면서 가장 행복했던 때는 언제였나요?
(4) 가장 마음 아팠던 때는 언제였어요?

이들 질문 중 자녀를 키우면서 가장 마음 아팠던 때를 나누면서 부모들의 마음이 열리기 시작한다.

"아이의 마음이 아팠을 때, 특히 아이의 친구 관계에서 정작 아이는 잘 알아차리지 못하는 사실이 엄마 눈에 보일 때 마음이 아팠어요."

"어쩔 수 없는 상황 때문에 자주 이사 다니면서 아이가 낯선 환경에 적응하지 못하는 걸 볼 때 마음이 아프고 이걸 해결해 줄 수 없어서 속상했어요."

"나와 너무 다른 아이와 자주 트러블이 생기는데, 혹시 나 때문에 아이를 망치게 되지 않을까 걱정이 됩니다. 제가 너무 무지했어요. 아이를 이해하지 못하고 훈육부터 했던 제가 이 아이의 엄마라는 게 속상합니다."

"미디어 콘텐츠 사용 문제로 아이와 씨름할 때 정말 힘들었어요."

"진로에 대해 고민을 얘기하는데 제가 뭘 해 줘야 할지 잘 모르겠더라고요. 여전히 제가 자라 온 방식대로 아이의 학습과 진로를 지도하고 있는 저를 마주할 때, 그 모습에 대해 아이가 '엄만 아무것도 모르면서!'라는 반응을 보였을 때 속상했어요."

그렇다. 부모들은 비슷한 이슈로 고민하는 서로를 이렇게 의지하고 격려하면서 본격적으로 자녀들의 진로와 학습을 위한 협력의 여정에 오른다.

3. 무엇을 기대하시나요?

기대 사항에 대해 나눈다는 것은 이 협력의 여정에서 각자의 목표를 설정한다는 의미이다. '자녀의 진로와 학습을 위한 그룹코칭'이라는 이름을 붙이고 함께 시작한 여정이기에 대부분 자녀의 학습과 진로를 돕고 싶은 사람, 자녀를 더 잘 이해하고 싶은 사람들이 참여하지만, 이 과정에서 각 개인이 얻고 싶은 것을 구체적으로 정립하고 시작한다는 것은 그룹코칭 과정의 운영과 몰입에 있어 매우 중요하다.

어떤 부모는 자녀의 학습과 진로를 돕는 자기 자신을 알고 싶다고 말하기도 하고, 사춘기가 오기 전에 아이에 대해 조금 더 알고 싶다는 기대를 이야기하기도 한다. 서로 다른 여러 자녀들의 학습과 진로 지도를 어떻게 각각에 맞춰 할 수 있을지에 대해 알고 싶다는 부모도 있고, 지혜롭게 자녀를 양육하고 싶다는 소망을 말하기도 한다. 어떻게 자기주도학습을 할 수 있을지, 우리 아이의 학습 스타일은 무엇인지에 대한 고민을 해결하고자 이 그룹에 참여했다고 이야기하기도 한다.

4. 부모인 나는 어떤 사람인가요?

부모로서의 서로의 삶과 이 과정에 대한 기대 사항을 이야기하고 나면 사전에 실시했던 성격유형검사 결과를 살펴보며 이야기를 나눈다. 코치는 검사 결과 나눔을 위해 몇 가지 질문을 준비한다.

(1) 나의 성격유형의 이름은 무엇인가요?

(2) 성격유형검사 결과를 읽은 후 어떤 느낌이었나요?

(3) 성격유형검사 결과를 통해 새롭게 알게 된 나의 모습은 무엇인가요?

(4) 결과를 읽어 보면서 인상적이었거나 기억에 남는 내용이 있다면 무엇인가요?

(5) 나의 성격유형은 나의 자녀에게 어떤 영향을 미쳤을까요? 긍정적인 부분과 부정적인 부분을 골고루 생각해 주세요.

필자가 검사 도구를 사용하고 그 결과를 해석하기 전 늘 언급하는 말이 있다.

"검사 결과는 검사 결과일 뿐 당신이 아닙니다."

최근 한 검사 도구가 유행하며 10대부터 40~50대에 이르기까지 자신의 유형을 외우고 탐구하고 다른 사람의 유형에 관심 갖는 모습을 봤다. 첫 만남에 "당신은 무슨 유형이에요?"라는 질문으로 친해질 정도이니 사회적 관계를 맺는 거의 대부분의 사람들이 이 검사에 대해 알고 있다고 해도 과언이 아닐 듯하다. 하나의 특정한 유형으로 자신과 타인을 특정 짓고 구분하면서 우리가 한 가지 놓치는 것이 있다. 그것은 바로 그 유형이 내가 아니라, 나의 일부라는 사실이다. 자연 과학이 아닌 사회 과학적 검사 도구에는 100% 신뢰도라는 것이 없다. 그렇다는 건 그 유형이 내가 아니라, 내 안에 그 유형이 자리하고 있다는 것이 맞겠다. 그래서 늘 질문한다. 검사 결과를 읽은 후 어떤 느낌이었는지, 그 중에 나와 같은 모습은 어떤 것이었는지, 혹 나 같지 않은 부분은 어떤 것이었는지. 왜 나 같다고 생각했는지, 왜 나 같지 않다고 느꼈는지. 이렇듯 검사 결과는 자신을 판단하고 판명 짓는 도구가 아니라, 자신과 대화하는 도구로 사용될 필요가 있다.

그룹코칭에서 성격유형검사 결과는 부모 스스로 자신과 대화하는 도구로 사용된다. 부모들은 검사 결과에 대한 자신과의 대화 후, "검사 결과가 너무 나 같다.", "내 안에 이런 모습이 있었나? 나를 돌아보는 계기가 된다.", "내 결과만 봤는데도 우리 아이와 너무 다르다는 게 느껴진다. 아이가 얼마나 힘들었을까?" 등의 마음을 토로한다.

자신과의 대화가 끝나면 각각의 유형을 설명해 준다. 유형 설명을 할 때도 '이런 사람이다.'가 아니라 '이런 경향성을 가지고 있을 수 있다.'라고 설명한다. 성격유형의 특성을 설명하면서 부모들은 질문을 하기도 하고, 배우자의 성격유형검사를 요청하기도 한다. 실제로 어떤 그룹에서는 전원이 배우자 성격유형검사를 요청해서 실시한 경우도 있었다. 이런 경우 부부의 역동이 자녀의 학습과 진로지도에 어떤 영향을 미치는지도 이야기할 수 있기 때문에 코칭 장면에서 일어나는 대화가 더 풍성해지기도 했다.

이렇게 자신에 대해 깊이 알게 된 부모들은 잊고 살았던 자신을 발견하기도 하고, 더욱 아이들의 결과를 궁금해하기도 한다. 자기 안에 있는 꿈틀거리는 꿈과 열망을 발견하면서 아이들 안에도 같은 마음이 있지 않을까 기대하게 되고, 때론 아이들의 마음을 몰라 준 자신을 안쓰러워하기도 한다. 그럴 때 참여자들은 모두 서로를 위로하고 격려하는 코치가 된다. 그룹코칭의 묘미란 어쩌면 이런 것이 아닐까?

5. 나의 부모님은 어땠나요?

자녀를 위한 부모코칭에서는 부모의 부모 이야기를 다룬다. 이를 위해서도 몇 가지 질문을 한다.

(1) 나의 부모님은 어떤 분이셨나요?

(2) 특히 진로와 학습 지원 부분에서는 어떠하셨나요?

(3) 나는 그 시절 나의 부모에게 어떤 것을 기대했나요?

(4) 어떤 모습은 닮고 싶고, 어떤 모습은 닮고 싶지 않나요?

필자를 포함하여 지금 10대 아이들의 부모들이 자녀였던 시절, 우리들이 본 부모님의 모습은 거의 비슷했다. 대부분 아버지는 가부장적이었고, 어머니는 다정하셨으나 표현이 적었다. 공부는 알아서 하는 것이었고, 진로 문제는 학교 선생님과 상의하는 것이었다. 때로 강요하지 않고 본인의 삶을 살 수 있도록 묵묵히 지켜봐 주신 부모님이 계시기도 하셨으나, 참여자들 대부분이 부러워한 것을 보면 흔한 경우는 아니었던 것 같다.

나의 부모를 닮고 싶은 부분으로 적극적으로 지지해 준 것, 길을 열어 준 것, 자녀를 존중하고 자신의 삶을 본인이 선택하게 한 것, 정서적으로 지지해 준 것, 자녀에게 아낌없이 제공한 것 등을 이야기했다. 닮고 싶지 않은 부분으로는 표현이 적고 칭찬이 적었던 것, 일방적인 대화, 아들과 딸을 차별한 것, 내 마음을 알아주지 않았던 것, 지나치게 방임하고 내버려 두었던 것, 인생의 방향에 대해 이야기하지 않은 것, 학습적으로 학대한 것 등을 들었다.

이렇게 자신의 부모에 대해 이야기하고, 부모에게 기대했던 것들을 나눈 후에 어쩌면 강력할 수도 있는 질문을 던진다.

"여러분의 자녀들은 어떤 부모를 기대할까요? 여러분의 어떤 모습을 닮고 싶고, 닮고 싶지 않을까요?"

어쩌면 그 시절 우리의 부모들은 우리에게 자신이 할 수 있는 가장 좋은 것을 주셨으리라 생각한다. 하지만 받는 우리는 다른 것을 기대했던 것처럼, 우리 아이들 역시 우리가 주고 있는 최선의 것이 아니라, 아이들이 기대하는 것을 받고 싶지 않을까? 그렇다면 우리는 자녀들에게 물어야 한다. 어떤 부모를 기대하는지, 부모로서 어떻게 도와주기를 바라는지.

6. 우리 자녀를 관찰해 봅시다

이렇게 부모 자신에 대한 탐색이 일단락되고 나면 우리 자녀들을 관찰하기 시작한다. 이를 위해 일주일 동안 자녀들에 대한 관찰일지를 쓰게 한다. 관찰일지의 주제는 다음과 같다.

(1) 내 아이는 어떤 강점을 가지고 있나요?
(2) 내 아이는 어떤 약점을 가지고 있나요?
(3) 부모인 나의 어떤 긍정적인 말에 아이가 웃었나요?
(4) 부모인 나의 어떤 부정적인 말이 아이를 아프게 했나요?
(5) 자녀의 모습을 관찰한 후 부모의 마음에서 새롭게 발견된 자

녀에 대한 생각은 무엇인가요?

부모들은 이 과정을 통해 자녀들을 좀 더 세밀하게 관찰할 수 있다. 아이가 어느 지점에서 웃는지, 어느 지점에서 기분이 나쁜지 알아차릴 수 있고, 학습이나 일상생활에서 발견하지 못했던 아이의 강점을 발견하게 된다. 이 과정을 통해 부모들은 다음과 같은 이야기들을 들려주었다.

"아이들에 대해 잘 안다고 생각했는데, 일주일 동안 관찰하면서 내가 모르는 면이 많이 있다는 것을 알게 됐어요."

"갓난아기였던 시절 이후로 이렇게 면밀하게 아이를 관찰해 본 적은 없었던 것 같아요. 내내 미안한 마음이 들더라고요. 제대로 보지도 않고 잔소리를 했구나 싶었어요."

"관찰하면서 아이를 더 알게 되었고, 알게 되니 아이에게 필요한 것이 무엇인지 제대로 보이기 시작했어요. 앎을 통해 은혜의 시간이 주어진 것 같아요. 이 별것 아닌 행동을 그동안 왜 못했는지 모르겠어요."

이제 부모들은 '관찰'의 힘을 알게 되었다. 우리는 아이들을 잘 보고 있는 것 같지만 그냥 지나쳐 볼 때가 생각보다 많다. 그러나 세심하게 관찰하다 보면 아이의 미세한 표정이 보이고, 아이의 기분의 변화가 보인다. 그 변화를 알아차려 줄 때 아이는 사랑을 느낀다.

어쩌면 관찰은 사랑 표현의 시작이 아닐까?

7. 자녀의 학습 스타일

자녀의 학습 스타일을 살피는 것으로 이 여정을 시작할 줄 알았던 부모들은 생각보다 긴 시간을 기다렸다. 자기 탐색과 관찰의 시간이 끝나고 나서야 비로소 자녀들의 학습유형검사 결과를 보여 준다. 학습 유형검사 결과를 보기 전에 아이들 관찰하기를 먼저 실행한 이유는 앞서 설명한 것과 같이 검사 결과를 아이로 받아들이지 않도록 하기 위함이었다. 다시 한번 강조하지만 검사 결과는 아이가 아니다. 아이의 일부일 뿐이다.

자녀의 학습성격유형을 먼저 읽어 보게 한 후 아이 관찰 결과와 비교하는 시간을 갖는다. 내가 관찰한 모습과 어떤 부분이 일치하는지, 어떤 부분이 차이가 있는지를 살펴보고, 아이에 대해 새롭게 발견된 모습이 있는지 탐색해 본다. 그리고 나서야 비로소 아이의 학습성격유형과 현재 학습에 느끼는 어려움을 해석해 준다. 해석을 듣고 나서도 어떤 느낌인지 부모로서의 성찰과 소감을 정리하도록 한다.

학습성격유형과 학습방해요인 등을 설명하면서 부모들은 각각의 아이들의 유형을 어떻게 지도하면 좋을지 토론한다. 아이들의 유형과 같은 부모 유형이 있으면 더욱 반갑다. 자신이 어떻게 자라왔는지, 어떤 식으로 학습했을 때 즐거웠는지 상세하게 설명해 줄 수 있기 때문이다.

물론 이런 이야기도 참고 사항이다. 같은 유형이라도 자라는 환경과 상황이 다를 수 있기 때문에 분명한 차이가 존재한다. 그러나 내 아이와 같은 유형의 잘 자란 어른의 모습이 바로 눈앞에 있다는 것은 부모들 서로에게도 안심이 된다. 이렇게 각 유형에 대한 토론이 끝나면 코치는 부모들에게 본격적으로 어떻게 진로와 학습을 지도하는 것이 각 유형에 적절한지 설명한다. 설명 방식은 당연히 "이런 유형의 경우 이런 방식이 적절할 수 있습니다."이다. 적절한 방법을 제시하지만 아이의 상황과 상태를 관찰하는 것이 가장 중요함을 다시 한번 강조한다.

8. 자녀와 이야기 나누기

자녀의 학습성격유형에 대한 해석이 끝나고 나면 아이와 대화할 준비를 시킨다. 검사 결과에 대해 어떻게 대화할 것인지 질문지를 준비해 주고, 아이와 대화해 볼 것을 한 주간의 과제로 제시한다. 아이와 대화할 질문지의 내용은 아래와 같다.

(1) 이번에 이 검사를 하면서 기분이 어땠어? 어떤 느낌이었어?

(2) 혹시 이전과 다른 생각이 떠오른 것이 있다면 뭘까?

(3) 학습성격유형의 이름에서 어떤 게 느껴져?

(4) (함께 읽어 보세요.) 쭉 읽어보면서 인상적이거나 기억에 남는
  내용이 있다면 뭐야? (이야기를 듣고) 그 이유는 뭘까? (듣고)

한 가지만 더 얘기해 볼까? (듣고) 이유는? (듣고) 마지막으로 한 가지만 더 떠올려 볼까?

(5) 학습성격에서 너의 강점이라고 느껴지는 부분은 어떤 부분이야? 그 이유는?

(6) 학습성격에서 너의 약점이라고 느껴지는 부분은 어떤 부분이야? 그 이유는?

(7) 강점인데 더 강화하고 싶은 점은 어떤 점이야? 그 이유는?

(8) 약점인데 보완하고 싶은 점은 어떤 점이야? 그 이유는? 어떻게 보완하면 좋을까?

(9) 혹시 약점인데 이건 무시하고 싶다고 생각되는 게 있다면 어떤 거야? 그 이유는?

(10) 이 검사 결과에 의하면 ○○○○ 이렇다는데, 이 결과에 대해 너는 어떻게 받아들여?

(11) 엄마는(아빠는) '네가 이런 유형이어서 이렇게 행동했구나.'를 새롭게 이해하게 되더라. 너는 어때? 너도 너에 대해 이해되거나 새롭게 발견한 점이 있다면 뭘까?

(12) 응원과 지지의 말로 마무리.

부모들은 위의 질문지가 있어서 아이와 대화하기가 훨씬 수월했다는 반응을 들려주었다. 질문지가 아니었다면 아이의 생각을 듣기 위한 질문이 아니라, 일방적으로 결과를 설명해 주고 대화 아닌 대화를 끝냈을 것 같다는 의견이 많았다. 아이 역시 부모가 설명을 잔뜩 할 거라고 예상했는데 질문을 하고 자신의 이야기를 들으니 신기한 듯 쳐다봤다고도 했다. 술술 이야기를 하는 아이를 발견하기도 했고, 평소 학교생활을 잘하고 있어 신경을 안 쓰고 있었는데 스트레스가 있는 상황이라는 사실을 알게 되었다는 이야기를 들려주는 부모도 있었다.

어쩌면 부모와 자녀는 소통이 안 되었던 게 아니라, 소통이 안 될 수밖에 없는 방법을 사용했던 것은 아닐까? 우리의 대화를 돌아볼 필요가 있다.

9. 자녀의 고민 상황에서 보물찾기

학습성격유형 검사 결과에서는 학습성격유형뿐만 아니라 학습행동유형과 심리 상태에 대해서도 알려 주고 있다. 이 부분은 현재 자녀의 스트레스 상황이나 고민, 학습에 방해되는 요인들을 점검해 볼 수 있는 영역이기도 하다. 반항, 완벽, 고군, 잡념, 만족, 외곬에 대한 상태를 제시함으로써 현재 어떤 고민이 있는지, 학습 상황이 만족스러운지, 열심히 하려는 태도를 갖고 있는지, 특정 영역에 집중하고 있는 부분이 있는지, 주변에 맞지 않는 사람이 있는지, 좋은 결과에 대한 기대 수준이 어떠한지 등을 설명하는 영역이다. 이 부분에 대한 해석을 이야기한 후 아이들과 대화할 수 있도록 질문지를 제공했다.

(1) 너의 학습행동유형은 ○○○○○라는데, 이게 무슨 얘기인 것

같아?

(2) 6개 학습행동유형에 대해 설명해 주세요.

(3) 너의 행동유형에 대해 너는 어떻게 느껴?

(4) 설명을 듣고 나니 혹시 떠오르는 고민이나 문제가 있니? 학습할 때 느꼈던 어려움 같은 거 말이야.

(5) 충분히 아이의 이야기를 들어주시고 고민에 공감해 주세요. 함부로 조언하거나 판단하지 마시고 어려웠겠다, 힘들었겠네, 네가 많이 애썼겠다 등으로 마음에 공감해 주세요.

　 - (공감한 후) 지난 주에 너의 학습유형에 대해 이야기하면서 너의 강점을 이야기했잖아. 그런 강점들이 고민 해결에 어떤 도움이 될 수 있을까?

(6) 혹시 엄마(아빠)가 도와줄 부분이 있다면 말해 줄래?

(7) (만약 고민이 없는 아이라면) 와! 네가 이렇게 너의 삶에 만족하고 행복하구나. 특별히 만족하고 행복한 부분을 구체적으로 들려줄래?

(8) (이야기 들은 후) 와! 아빠(엄마)는 이런 네가 너무 멋지다!! (격렬하게 응원, 지지) 이렇게 만족하고 행복할 수 있는 너만의 비법은 뭐야?

(9) 만약 스무 살까지 너의 만족감과 행복감이 충만하게 지속된다면 그건 너의 어떤 점 때문일까?(부모님과 브레인스토밍 등으로 아이의 강점, 장점 등을 최대한 많이 발견하는 게임을 하셔도 좋습니다.)

(10) 이렇게 엄마(아빠)와 이야기 나눠 보니 기분이 어땠어? 어떤
　　생각이 들어? 어떤 점이 좋았어? 혹시 불편한 점이 있었다면
　　이야기해 줄래?

　　몇몇 아이들은 도망가기도 하고 간섭하지 말라고 튕기기도 했지만,
대부분의 아이들은 부모와 진지하게 자신의 고민을 나누는 시간을 가
졌다. 순간순간 조언하고 싶은 마음을 질문지가 꾹 눌러 줬다면서 질
문지가 아이와의 대화를 이어 주는 끈이 되었다고 이야기하는 부모도
있었다. 아이와 이야기하는 시간이 길어지면서 아이는 확실히 나와 다
르다는 것을 느낀 부모도 있었고, 아이가 마치 과거의 자신 같아서 더
잘 이해하게 되었다는 부모도 있었다.
　　마지막으로 학습기술능력에 대한 설명과 함께 이와 관련된 대화를
어떻게 할지 질문지로 소개했다.

(1) 학습기술능력 그래프를 어떻게 봐야 하는지 설명해 주세요.
(2) 너의 학습기술능력이 이렇다고 이야기하는데 이 결과에 대한
　　네 생각은 어때?
(3) 10가지 기술 능력에 아이가 모르는 것이 있다면 설명해 주세요.
(4) 너의 강점 기술은 뭐야? 오~ 그거구나! 그걸 잘한다는 걸 언제
　　알았어? 언제 네가 잘한다고 생각하는지 자세히 들려줘 봐.
(5) 너의 약점 기술은 뭐야? 네가 약하다는 걸 언제 느꼈어?
(6) 어려운 부분에 대한 아이의 고민을 물어봐 주시고 들어주세요.

(7) 강점 기술로 약점 기술을 보완할 수 있는 방법이 있다면 뭘까?

여기까지 대화하고 나면 자녀의 학습성격과 심리상태, 학습기술능력에 대한 이해가 어느 정도 되었다고 볼 수 있다. 아니, 이해가 되었다기보다는 이해할 수 있는 과정을 한 번 경험했다고 보는 것이 맞겠다. 이 과정을 통해 부모들은 자녀의 생각과 느낌을 묻는 방법, 자녀의 고민을 듣는 방법, 자녀의 강점을 활용하는 방법 등을 배울 수 있다.

특별히 모든 대화에서 약점이 약점 그대로 방치되지 않고 강점으로 보완될 수 있는 방법을 찾아내는 것, 아이들로 하여금 자신에게 강점이 있다는 것을 인식할 수 있도록 질문한다는 것은 부모들에게 꽤 괜찮은 전략이었다. 강점 질문을 통해 아이들의 자신감이 살아나고, 대화가 살아나는 것을 느낀 까닭이다. 보물찾기는 어릴 적 소풍에서만 하는 것이 아니었다. 우리는 일상의 삶에서 우리 자녀들의 보물을 언제든 찾을 수 있다. 이제 다 배웠다. 익히는 것은 일상에서 부모들이 어떻게 존재하는가에 따라 달라질 수 있다.

10. 어떤 부모로 존재하고 싶은가요?

그룹코칭의 막바지에 다다라서는 부모의 정체성에 대해 생각해 본다. 여정 내내 부모로서 나는 어떤 모습이었는지, 아이들은 어떤 모습을 하고 있는지, 우리 아이들은 부모에게 무엇을 기대하고 있는지 등을 깊이 생각하고 경험했다. 이 시간은 부모들로 하여금 자신의 정체성을 돌아보게 한다. 어떤 부모로 존재하고 싶은지를 묻는 것은 앞으로 어떤 부모로 살아갈 것인가를 구체적으로 떠올리고 정리하게 했다.

"저는 지원자로 존재하고 싶어요. 아이들의 든든한 아군, 기댈 수 있는 같은 편이 되고 싶습니다."

"엄마만의 독특한 향기가 나는 엄마이고 싶어요. 왜 어릴 때 엄마한테 안기면 꼭 나던 엄마 냄새 같은 게 있잖아요. 그 냄새가 나면 갑자기 편안해지고, 갑자기 울컥해지기도 하는 그런 냄새. 저는 그런 엄마 냄새를 가진 엄마이고 싶어요. 어떤 일도 이야기 나누고 싶은 엄마, 공감하는 엄마, 함께 나누되 또 함께 성장하는 엄마이고 싶네요."

"문제가 아니라 강점을 말해 주는 지지자이고 싶어요."

"끊임없이 나의 소명의 자리를 발견해서 성실히 살면서 자녀와 삶을 나누는 부모이고 싶어요. 자녀의 선택을 존중하고 공감하고 같이 움직여 주는 부모, 기도하는 부모, 있는 그대로 관찰하는 부모로 존재하고 싶습니다."

"우리 아이를 그 아이답게 키우고 싶습니다. 우리 엄마는 나를, 나의 다름을 특별하게 여기는구나, 나는 특별한 아이라는 것을 느끼게 하는 엄마이고 싶습니다."

부모들의 고백은 부모인 나도 울컥하게 한다. 우리는 부모로서의 새로운 정체성을 갖는 서로를 격려하며 응원한다. 그리고 외친다. 우리는 모두 우리의 아이들에게 최고의 부모라고. 그리고 우리의 아이들 역시 우리에게는 최고의 아이들이라고. 신이 우리와 우리 아이들을 부모-자녀로 만나게 하신 것은 서로가 서로에게 가장 최고이기 때문이 아닐까?

11. 오늘부터 시작할 한 가지

코칭의 마무리 즈음에는 참여하면서 어떤 점이 달라졌는지, 이 과정이 어떤 의미가 있었는지 이야기를 나눈다. 부모들은 다음과 같은 이야기를 들려주었다.

"코치님을 만나는 동안 평안하고 따뜻했어요. 부모로서 다시 힘을 낼 수 있는 기회였답니다."

"부정적인 생각들이 긍정적인 생각으로 변화될 수 있어서 좋았습니다. 3주 동안 우리 아이들을 더 많이 알아가는 시간이어서 감사했고 축복의 자녀를 주심에 더 감사했어요. 코칭 시간을 통해 우리 아이들의 행동에 대해 더 긍정적이고 밝게 받아 줄 수 있는 여유가 생기게 되었어요."

"세 번의 시간이 짧게만 느껴질 정도로 유익했어요. 자녀를 위해 시작했는데 나 자신과 남편을 알아 가는 시간이었어요. 남편이 정말 많이 달라졌습니다."

"우리 가족에 대해 구체적으로 알아가면서 더 이해할 수 있는 폭이 넓어질 수 있었던 게 제일 좋았어요. 나 자신을 알게 되니 우리 가족을 더 잘 볼 수 있는 눈이 생긴 것 같아 감사했습니다."

"저와 남편에 대해 알게 된 것, 아이들과 검사 결과를 이야기하며 각자 자기 자신을 알고 서로를 알게 된 것, 코치님의 위로와 격려, 아이의 대학 전공 선택에 대해 안심할 수 있게 된 것이 좋았어요."

"아이들을 키우면서 잘하고 있는 건지 잘못하고 있는 건 아닌지 모를 때가 많았는데, 코칭 시간을 통해 그 때마다 지혜를 주셨구나 하는 느낌에 감사했습니다. 이 시간을 통해 부모인 저 자신을 더 돌볼 수 있었던 것 같아요."

"코칭을 통해 부모로서의 마음가짐을 배울 수 있어 감동이었고, 코치님의 언어를 통해 부모로서의 언어를 배울 수 있었습니다."

변화와 성장의 소감을 들을 때면 감사가 절로 나온다. 그러나 코칭의 진짜 마지막은 늘 실행이다. 긴 시간 함께하며 서로를 경청하고 함

께 고민하여 다양한 발견과 인식, 새로운 정체성의 정립 등을 한다고
해도 실천할 한 가지가 없다면 뜬구름일 뿐이다. 부모들은 그동안 그
룹코칭에 참여하면서 부모로서의 자신의 모습에 대해 고민했고, 자신
의 태도를 바꾸려고 노력했다. 서로의 노력을 보며 배웠고, 그렇게 부
모들은 자라갔다. 자신을 새롭게 발견하고 더욱 이해하기 시작했으며,
자신을 보듬은 마음으로 아이들을 다시 안기 시작했다. 자신의 방법이
아니라 아이들에게 가장 적절한 방법으로.

　이제는 각자가 원하는 부모로 존재하기 위해 오늘부터 당장 시작할
한 가지를 선택한다. "'우쭈쭈'를 조금 더 해야겠다.", "아이의 성취에
놀라워하는 모습을 보여 주겠다.", "나는 잘 이해가 안 되지만 너 입장
이라면 그럴 수도 있겠다는 공감을 해 보겠다.", "내 스타일이 아니라
아이 스타일로 지도하겠다.", "잘 듣겠다.", "아이가 하교하면 일단 웃
어 주겠다." 등의 다짐을 들려주기도 했다. 이 여정을 함께 지나온 우
리 독자들은 어떤 것을 시작할지도 궁금해진다.

12. 단 한 사람

　언제부턴가 청소년들의 학습과 진로에 관심이 많은 부모나 교사를
대상으로 강의를 할 때면 늘 던지는 질문이 있다.

　"트렌드를 읽느라, 우리 아이를 읽는 것을 놓치는 건 아닐까요?"

실제로 그렇다. 매년 연말이 되면 서점에는 다음 해의 트렌드를 분석해 놓은 책들이 꽤 많이 깔린다. 소비 트렌드, 채용 트렌드, 기업이 원하는 인재상의 변화 분야도, 영역도 점점 더 확장되는 것 같다. 사회적, 문화적인 변화와 트렌드가 그만큼 중요해진다는 뜻이리라. 그러나 종종 우리는 사회 변화의 트렌드를 읽느라 사람 그 자체를 읽는 것을 놓치는 때가 있는 것 같다. 최근에 코칭을 했던 한 청년은 자신의 전공이 유망하지 않아서 유망한 전공으로 전과를 하겠다는 이야기를 했었다. 그에게 물었다. 유망한 전공이 당신에게도 유망하냐고. 그는 그 질문에 적잖이 당황했다. 그리고는 대답했다. 나에게 유망한 것을 찾아야겠다고. 아니, 먼저 나를 알아야겠다고.

부모도 마찬가지다. 자녀의 학습과 진로에 대한 고민을 안고 코칭을 받으러 오는 부모 중에는 앞으로 트렌드는 인공지능인데 우리 아이는 문과라서 어떻게 하냐는 분들이 꽤 있다. 그들에게 묻는다. 아이는 무엇에 즐거워하나요? 아이는 어디에 관심이 있나요? 아이의 성향은 어떤가요? 이 질문에 대해 세상 돌아가는 것을 모른다고 따지시면 할 말은 없다. 그러나 한 가지는 확신한다. 아이들은 자신의 고유함과 독특함으로 이 세상을 가장 자기답게 살아갈 것이라는 것을. 그리고 그 자기다움으로 스스로에게 가장 유망한 삶을 만들어 갈 것이라는 것을.

『저는 아직 아이들에게 코딩을 가르치지 않습니다』의 저자는 "아이들에게 코딩을 가르치는 것은 너무나 중요합니다. 하지만 코딩을 가르치기에 앞서 무엇이 옳고 그른지 스스로 판단하는 분별력을 가져야 하며 세상은 나 혼자가 아닌 더불어 살아가는 곳이란 걸 아는 것이 더 중요합니다. 부모는 가르치는 사람이 아닌, 협력자여야 합니다. 아이들이 스스로 생각하는 법, 스스로 익히는 지혜의 즐거움이 몸에 배도록 응원해 주고 아이들의 작업을 돕는 사람으로, 머리를 맞대고 같이 고민해 주는 사람이어야 합니다."라고 말했다.

부모는 자녀의 삶을 정해 주는 사람이 아니라, 자녀가 자기답게 살아갈 수 있도록 돕는 사람, 함께 고민해 주는 사람, 어떤 고민이든 들어주는 사람으로 존재해야 하는 것이 아닐까? 어쩌면 자녀를 가장 잘 관찰하고, 그의 이야기를 가장 잘 들어주고, 그의 고유함과 독특함을 가장 잘 표현할 수 있도록 도와주는 단 한 사람이어야 하지 않을까?

·· **남상은**

진로학습코칭센터인 봄:길의 대표이며, 대학에서 다양한 코칭 프로그램을 운영하였고, 대학생들의 커리어와 학습에 관한 연구를 지속하고 있다. 교육학 박사이자 Miracle Coach(기적 코치)로서 다양한 사람들이 자신만의 '길'을 찾는 과정에 동행하는 삶을 살고 있으며, '10대 자녀의 진로와 학습을 위한 부모학교'를 운영하고 있다. 고려사이버대학교와 교육부가 주관한 '커리어 코칭' 강의를 개발하여 현재는 고려사이버대학교와 KOCW에서 본 강의를 제공하고 있으며, 숭실대학교 교육대학원 겸임교수로 커리어·학습코칭, 코칭프로그램개발, 코칭심리학, 코칭현장의 이해 등을 강의하고 있다. 공저로 『한국형 커리어코칭을 말한다』, 『오늘이 미래다』, 『현장실전코칭』, 『한국형 정서코칭을 말한다』 등이 있다.

이메일: miraclecoach.se@gmail.com
페이스북: https://www.facebook.com/sangeun.nam.75

자녀와의 행복한 소통을 위한
'부모독서코칭'

성금자

1. '부모독서코칭'의 필요성과 추진 배경

2012년 코칭을 처음 접하고 배운 후 학교 현장에서 부모님들에게 코칭을 활용하면 정말 좋겠다는 생각을 하였다. 자녀의 행복은 부모의 행복으로부터 온다는 말과 같이 부모님들의 교육관이나 가치관이 변화해야 아이들도 함께 행복해질 수 있기 때문이다.

코칭 철학은 '모든 사람들에게는 무한한 가능성이 있고 창의적이며, 자신의 잠재력을 발휘하여 스스로 자신의 문제를 해결할 수 있다.'는 것을 전제로 한다. 이러한 코칭 철학을 바탕으로 부모들의 가치관이나 교육관이 변화된다면 자녀의 무한한 잠재능력을 개발해 주고 스스로 자신의 진로를 개척해 나갈 수 있도록 안내자로서 중요한 역할을 해 줄 수 있기에 부모교육에서 코칭 교육이 절실히 필요하다고 생각했다.

독서는 예나 지금이나 간접 경험의 대표로 말 없는 스승으로 여겨지고 있다. 또한 코칭은 경청, 질문, 인정, 칭찬 등을 활용하여 각자 개인적인 삶과 일에서 잠재력을 끌어내어 스스로 목표를 설정하고 효과적으로 달성하며 성장할 수 있도록 도와주고 지원하는 과정이라 할 수 있다. 이런 독서와 코칭 기법을 융합하여 만든 것이 '부모독서코칭' 프로그램이다.

'부모독서코칭'은 먼저 자녀 교육 관련 책을 읽고 서로 자녀 양육에 관련된 의견을 교환하여 정보를 공유한다. 이러한 과정에 코칭대화 기법을 활용하여 주 1회 실천 과제를 선정하고 실천 과제를 실행하며 그 결과를 함께 나눈다. 참여하는 동안 각자 자신이 정한 코칭 실천 과제를 따라 실천하다 보면 어느새 부모독서코칭이 의도한 코칭 기법으로 이어지고 자연스럽게 자녀와 행복한 소통을 하게 되는 것이다.

소통이 안 되어 힘들어하던 자녀와의 행복한 관계 회복, 자신의 게으른 행동 습관의 변화, 흔들리던 자녀 교육관의 정립, 대화를 통한 부부 관계 회복, 할머니의 손자 교육에 대한 포부 등 코칭 교육을 통한 다양한 변화의 일화를 들을 수 있었다. 참여한 학부모들이 가족과의 행복한 관계 형성으로 스스로 놀랄 만큼 큰 변화와 성장을 경험하게 된 사례들이다.

학부모들의 이러한 변화는 자녀를 행복하게 했고 자녀의 행복은 가정의 행복 지수를 높였으며 가정의 변화는 이웃에게 전파되고 나아가서 밝고 행복한 지역 사회를 만드는 밑거름도 됨을 깨닫는 소중한 경험이었다. '부모독서코칭' 프로그램은 참여한 부모들의 교육관과 가치관의 변화와 이를 통한 자녀와의 행복한 소통 더 나아가서 가족 간의 행복한 관계 형성에 많은 도움이 됨을 확인할 수 있었다.

　필자가 교장으로 재직하던 초등학교에서 시작한 '부모독서코칭'은 프로그램의 효과를 실감한 한 학부모의 적극적인 홍보로 지역 도서관으로도 진출하게 되었다. 교내 학부모만이 아니라 지역 사회의 부모들로 그 대상이 넓어진 것이다. 이후 코로나 팬데믹으로 오프라인 모임이 어려워지자 줌(ZOOM)을 활용한 온라인 프로그램으로 방향을 전환했다. 온라인 독서코칭 프로그램은 그동안 학교와 도서관에서 운영했던 계획안을 중심으로 자녀 관련 책을 선정하여 읽고 그 내용을 바탕으로 이야기를 나눈 후 코칭 기법을 적용하였다. 처음에는 부모교육 관련 도서만 읽다가 책의 선정 폭을 넓혀서 질문 관련 책도 함께 읽으면서 진행하다 보니 부모뿐만 아니라 코칭에 관심 있는 사람들도 참석하는 등 대상 회원이 확장되는 결과를 얻었다. 온라인 은 멀리 있는 사람들과도 함께 책을 읽고 나눔을 할 수 있다는 큰 장점이 있으나 코칭 실습을 대면에서처럼 충분히 나누지 못하는 아쉬움이 있다. 그래도 온라인 독서코칭으로도 충분히 코칭 기법을 익히고 실천할 수 있어서 참여하는 회원들에게 만족감을 주고 있다. 이 프로그램은 벌써 2년 가까이 성공적으로 운영되고 있다.

2. 학교 현장에서의 '부모독서코칭' 12회기 진행 사례

1) 독서코칭 진행 구성안

    (1) 진행 기간: 한 회기를 12회로 3개월씩 진행함

    (2) 요일 및 시간: 주 1회 목요일 10:00~12:00(2시간)

    (3) 장소: 학교 회의실

    (4) 코칭 도구 활용: 버츄카드, 성찰지, 자녀 교육 관련 도서 및 코
        칭 관련 교육 자료

    (5) 코칭 진행 순서: 버츄카드 뽑고 의견 나누기, 성찰지 작성하기,
        책 읽고 나누기

    (6)코칭 실습하기(그룹별 또는 2인 1조 실습하기)

    (7) 정리하기: 코칭 실습 소감 나누고 다음주 실천 과제 발표하기

2) 차수별 운영 계획안

차수	진행 내용
1회기	- 부모독서코칭을 위한 오리엔테이션 - 부모독서코칭 운영의 목적 및 운영 안내 - 부모 성찰지를 통한 자신의 모습 들여다보기 - 코칭에 대한 기본 내용 익히기 - 교육 활동 후 소감문 작성하고 소감 나누기

2회기	- 부모 성찰지를 통한 지난주 실천 내용 나누기 - 교육 자료【목표 선언문 작성하기】 - 『하루 10분 내 아이를 생각하다』 책을 읽고 느낌 나누기 - 코칭 실습하기 - 코칭 실습 후 소감문 작성하고 소감 나누기
3회기	- 부모 성찰지를 통한 지난주 실천 내용 나누기 - 교육 자료【목표 선언문 시각화하기】 - 『하루 10분 내 아이를 생각하다』 책 읽고 느낌 나누기 - 코칭 실습하기 - 코칭 실습 후 소감문 작성하고 소감 나누기
4회기	- 부모 성찰지를 통한 지난주 실천 내용 나누기 - 교육 자료【1만 시간의 성실함】 - 『아이와 함께 자라는 부모』 책 읽고 느낌 나누기 - 코칭 실습하기 - 코칭 실습 후 소감문 작성하고 소감 나누기
5회기	- 부모 성찰지를 통한 지난주 실천 내용 나누기 - 교육 자료【1만 시간의 성실함】 - 『아이와 함께 자라는 부모』 책 읽고 느낌 나누기 - 코칭 실습하기 - 코칭 실습 후 소감문 작성하고 소감 나누기
6회기	- 부모 성찰지를 통한 지난주 실천 내용 나누기 - 교육 자료【환기자극 통제하기】 - 『내 아이를 위한 감정코칭』 책 읽고 느낌 나누기 - 코칭 실습하기 - 코칭 실습 후 소감문 작성하고 소감 나누기
7회기	- 부모 성찰지를 통한 지난주 실천 내용 나누기 - 교육 자료【결단의 힘】 - 『내 아이를 위한 감정코칭』 책 읽고 느낌 나누기 - 코칭 실습하기 - 코칭 실습 후 소감문 작성하고 소감 나누기

8회기	- 부모 성찰지를 통한 지난주 실천 내용 나누기 - 교육 자료【능동적인 시간관리】 - 『나는 아직 엄마가 되려면 멀었다』 책 읽고 느낌 나누기 - 코칭 실습하기 - 코칭 실습 후 소감문 작성하고 소감 나누기
9회기	- 부모 성찰지를 통한 지난주 실천 내용 나누기 - 교육 자료【인간정신의 운동법칙】 - 『엄마의 말공부』 책 읽고 느낌 나누기 - 코칭 실습하기 - 코칭 실습 후 소감문 작성하고 소감 나누기
10회기	- 부모 성찰지를 통한 지난주 실천 내용 나누기 - 교육 자료【통제와 신념】 - 『엄마의 말공부』 책 읽고 느낌 나누기 - 코칭 실습하기 - 코칭 실습 후 소감문 작성하고 소감 나누기
11회기	- 부모 성찰지를 통한 지난주 실천 내용 나누기 - 교육 자료【사람의 힘의 원천】 - 『100 감사로 행복해진 지미 이야기』 책 읽고 느낌 나누기 - 코칭 실습하기 - 코칭 실습 후 소감문 작성하고 소감 나누기
12회기	- 부모 성찰지를 통한 지난주 실천 내용 나누기 - 교육 자료【자기훈련】 - 『100 감사로 행복해진 지미 이야기』 책 읽고 느낌 나누기 - 코칭 실습하기 - 코칭 실습 후 소감문 작성하고 소감 나누기

3) '부모독서코칭' 프로그램 성찰지

- 부모독서코칭 성찰지 -

1) 지난 한 주 동안 개인 생활 속에서 좋았던 일과 감사한 일은 무엇인가요?

2) 지난 한 주 동안 주로 관심 있게 집중했던 것은 무엇인가요?

3) 지난 한 주 지내면서 자신에게 칭찬해 주고 싶은 것이 있다면 어떤 것이 있을까요?

4) 자신이 노력하고자 하는 것을 방해했던 장애물이 있다면 어떤 것이 있었나요?

5) 장애물을 어떻게 극복하였을까요?

- 소감문 및 실천 계획 -

6) '부모독서코칭' (   )회기 모임을 마무리하면서 알게 된 사실이나 느낌을 자유롭게 적고 나누기

7) 코칭 기법 중 실생활에 적용하고 싶은 기법은 어떤 것인가요?

---

8) 다음 한 주 동안 더 나아지기 위해서 꼭 실천해 보고 싶은 것이 있다면 무엇인지 실천 계획 세우고 발표하기

4) 초등학교 5학년 자녀를 둔 어머니 K의 사례

다음은 부모독서코칭 프로그램에 참여하여 자신의 아이에 대한 교육관이나 가치관 변화는 물론 아이와의 갈등을 해결하여 아이와의 관계가 좋아진 사례이다.

K는 초등학교 5학년의 자녀를 둔 어머니로 아이에 대한 기대감과 교육에 대한 열정이 매우 강하고 모든 것에 완벽을 추구하고 주관이 뚜렷한 성격의 어머니이다. K의 에니어그램 성격유형 검사를 해 본 결과 K는 1번 유형으로 원칙적이고 완벽을 추구하는 개혁가의 성격이다. 아이는 2번 유형으로 남을 도와주거나 남에게 도움을 주려는 봉사자의 유형으로 마음이 여리고 순종적인 성격이다. 이렇게 부모와 자녀의 성격이 다른 유형이라 그런지 자녀와의 갈등이 심한 상태였다. 자녀에 대한 기대와 부모의 욕구가 채워지지 않기 때문에 자녀의 학교 생활이나 학습 활동에 대하여 지나치게 간섭이 심했다.
항상 아이에게 지시와 명령을 하고 아이의 의견을 무시한 채 어머니의 마음대로 학원을 결정하고 학원도 보내고 학교 생활이나 학원 생활

에 대하여 꼼꼼하게 체크를 한다. 아이의 행동이나 학교 생활에 대하여 인정이나 칭찬보다는 어머니의 마음에 들지 않기 때문에 꾸짖음과 비난, 질책을 많이 했다. 그러다 보니 아이는 평범하게 학교 생활을 잘하는 아이였지만 아이의 의견은 존중받지 못하고 어머니의 지나친 간섭과 명령으로 인하여 너무나 힘이 들고 학교 생활에서도 수업 시간에 무기력한 상태로 학교 생활을 하고 있었다.

그러던 중 K는 학교에서 실시하는 부모독서코칭에 참여하여 코칭을 시작하게 되었다. 매주 목요일 2시간씩 12회기 진행되는 부모독서코칭은 우선 버츄카드를 활용하여 라포 형성을 하고 지난 한 주 동안 어떻게 지냈는지에 대하여 자연스럽게 이야기를 나누었다. 이어서 자녀 교육 관련 책을 함께 읽고 나누며 공감 가는 부분과 나누고 싶은 문장을 함께 이야기하며 서로의 생각을 공유하였다. 그리고 코칭 기법인 경청과 질문 인정, 칭찬 등의 코칭 기술을 활용하여 코칭대화를 나누고 코칭대화 훈련을 하였다.

이 프로그램에 참여하면서 K 자신의 생각을 바꾸게 되었고 특히 자녀와 소통하고 대화할 수 있는 코칭대화기법을 배우면서 서서히 변화되기 시작하였다. 아이의 의견을 물어보고 아이가 원하는 것이 무엇인지 또 아이의 힘든 감정에 대하여 공감해 주고 칭찬해 주며 아이와의 대화 시간이 많아졌다.

"아이가 정말 원하는 것이 무엇일까?" 대화를 통하여 고민하고 생각하면서 어머니의 교육관이나 가치관이 변화되기 시작하였다.

매주 코칭 대화기법에 대한 교육을 받고 가정에서 매주 실천과제를 실천하면서 아이와의 갈등이 점차 없어지고 아이는 학교 생활이나 친구 관계도 아주 좋아지게 되었다. 특히 수업 중 집중을 하게 되면서 학업 성적도 향상되고 자신감이 생기면서 회복 탄력성이 증가했다. 아이와 함께 3개월 동안 꾸준히 코칭대화를 실천하고 연습한 결과 K 자신의 마음 상태나 아이와의 관계가 몰라보게 달라진 것을 인식하고 너무나 기뻐했다.

마지막 12회기에 K는 다음과 같이 소감문을 발표했다.

"오늘을 제게 새로운 전환의 날로 만들어 주심에 감사드립니다. 부모독서코칭을 통해 저를 반성하게 되었고 저 자신을 일깨워 주게 되어서 얼마나 행복한지 모릅니다. 이제는 어떤 일로 나를 성장하게 해 줄까? 기대하다 보니 부정의 마음에서 긍정의 에너지가 저절로 느껴집니다. 부모독서코칭을 통하여 가족의 소중함과 미래의 목표를 세우는 계기가 되었고 편안함보다 고뇌가 이제 절친이 되어서 즐겁게 성장할 수 있을 거 같습니다. 특히 그동안 무언가 풀리지 않던 문제가 부모독서코칭을 통하여 다양한 코칭대화 기법 훈련으로 지시적이고 명령적이며 강압적인 저의 교육관과 대화 방법이 변화되었습니다. 아이와 행복한 대화를 하는 시간이 많아지고 마음속에 있던 불편함도 소통을 통하여 한결 가벼워짐을 느꼈습니다. 아이와 코칭 대화를 하면서 아이의 표정도 밝아지고 학교 생활도 즐겁게 할 수 있어서 너무나 감사하고 행복합니다. 오늘 마지막 날을 계기로 아이와 나는 다시 태어난 기념으로 부모로서 첫

발을 딛는 날로 지정했습니다. 저와 우리 아이와의 새로운 탄생을 다시 맞게 된 부모독서코칭 정말 감사합니다."

5) 참가자 피드백을 통해 본 운영 효과

(1) 부모독서코칭을 통하여 부모님들이 아이들과 소통하는 대화법이 변화되었다.

(2) 부모들의 자녀에 대한 교육관이나 가치관이 많이 변화되면서 아이들과는 물론이고 남편, 부모와의 인간관계가 좋아진 것이 가장 큰 변화였다.

(3) 부모님의 교육관이 변화면서 자녀들의 학교생활이 활발하고 행복해졌다.

(4) 부모와의 관계가 좋아지면서 학생들이 학교 활동에 즐겁게 참여하는 효과를 가져왔다.

(5) 아이들의 이야기를 듣고 공감해 주며 칭찬과 인정하는 습관이 생기게 되었다.

(6) 아이들과 대화를 할 때 잘 들어주고 질문을 하면서 아이들의 생각을 알게 되었다.

6) 학부모 소감문

"부모독서코칭 수업에 참여한 지 거의 1년이 다 되어 간다. 처음 부모독서코칭에 참여하게 된 이유는 내가 과연 우리 아이들을 잘 키우고 있는지 되돌아보는 시간을 갖고 싶었기 때문이다. 또 우리 아이들이 앞으로 살아가는 데 부모로서 어떤 역할을 해야 할지 생각하는 시간을 갖고 싶었다.

추천해 주신 책을 읽으면서 나 자신의 생각, 말, 행동을 떠올리며 잘했던 점과 잘못했던 점을 되새길 수 있었다. 코칭기법을 배우고 매주 실천 과제를 정해 실천하는 것은 부담스럽기는 했지만 보람된 일이었다. 내가 가장 많이 실천한 코칭 대화는 아이들에게 질문하는 것이다. "이렇게 해."가 아니라 "어떻게 하면 좋을까?"라고 질문하면 아이들은 스스로 해답을 찾고 스스로 행동했다. 그 결과 잔소리도 줄고 아이들과의 관계도 좋아졌다. 부모독서코칭 수업을 통해 부모가 아이들에게 지시하고 방향을 정해 주는 것이 아니라 아이들 스스로 방향을 찾도록 안내자 역할을 해야 한다는 것을 배울 수 있었다. 아이들과 코칭대화를 하면서 대화 시간이 많이 늘어나는 소중한 경험을 할 수 있었다. 또한 아이들과의 대화뿐 아니라 남편과 가족들과의 관계에서도 코칭대화로 관계가 많이 좋아지는 경험을 하게 되어서 감사하다."

- ○○초등학교 학부모 A -

"부모독서코칭을 통해 배운 점은 경청, 공감, 칭찬, 이해, 감정, 실천, 겸손, 후회, 반성! 욕심을 버려야 되는 것을 배웠다. 코칭을 통하여 아이들 나이와 시기를 맞춘 대처법을 배웠고 공감해 주는 방법, 인정과 칭찬을 해 주는 방법에 대하여 배워서 실천하게 되었다.

처음에는 그냥 들으면 된다고 생각했는데 점점 책을 읽고 코칭기법을 배우면서 아이들을 이해하게 되었다. 감사, 감정, 실천, 공감, 경청, 칭찬, 인정, 존중 등을 알고는 있었지만 실천할 점을 배우면서 많은 것을 느끼고 공부도 많이 되었다. 또한 나의 교육관이나 가치관 아이들을 대하는 나의 관점이 많이 변화됨을 느꼈다. 아이들에 대한 나의 욕심을 버려야겠다. 가치관이 바뀌었고 배우면서 울기도 하고 웃기도 했다. 행복한 마음, 감사한 마음 등 여러 가지 감정에 대하여도 배웠다. 코칭기법을 배우고 공감하는 법을 배우면서 아이들과 관계가 좋아지는 것도 알게 되었다. 나를 돌아보고 후회도 하며 아이들의 마음을 이해했다. 코칭을 통하여 배운 것을 아이들과 실천하고 일주일에 한 개씩 실천 과제를 정하고 일주일 동안 실천을 하면서 가정에 많은 변화를 가져오게 되어 감사하고 행복했다.

한편으로는 욕심, 화나는 감정조절, 경청, 이해하기 등이 훈련이 잘되지 않아 어려움이 있었지만 열심히 노력하며 많이 나아지고 있음을 알았다. 배운 것을 잘 실천하기 위해 욕심을 부리다 보니 어려움도 있었다. 하지만 천천히 기다려주고 이해하고 칭찬해 주면서 나날이 변화되는 모습을 깨닫게 되는 시간이었다. 코칭기법을 통하여 아이들을 더 많이 이해하고 칭

찬해 주며 경청해 주고 여러 가지 대화 기법을 활용하고 실천
하며 아이들의 이야기를 잘 들어주어야겠다고 생각했다. 코칭
을 배우면서 아이들과 나 자신이 변화되어 우리 가정은 감사
와 행복이 넘치는 행복한 가정이 되었다. 코칭을 배우게 된 것
이 정말 감사한 일이다."

- ○○초등학교 학부모 B -

3. K 도서관 '부모독서코칭' 12회기 코칭 사례

1) 진행 방법

(1) 진행 일시 및 기간; 주 1회 토요일 10~12시 2시간씩 12주 운영함.

(2) 코칭도구 활용: 버츄카드와 자녀 교육관련 도서 및 코칭 관련교
육자료 활용. 버츄카드를 활용하여 돌아가면서 읽고 나눔으로
분위기를 조성하고 시작함.

(3) 부모독서코칭 성찰지 활용: 부모독서코칭 성찰지를 활용하여 각
문항에 답을 하고 조별로 이야기를 나눔.

(4) 자녀 교육 관련 책 읽기: 선정된 책을 읽고 공감 가는 부분에 대
하여 자신의 경험과 연결하여 이야기하거나 공감 가는 부분에
대하여 이야기를 나누고 서로 피드백을 나눔.

(5) 코칭에 대한 안내: 코칭의 정의, 코칭 철학과 코칭 윤리, 코칭의

효과 등에 대하여 안내하기.

(6) 코칭 실습: 코칭대화기술(경청, 질문, 인정, 칭찬)을 배우고 그룹별 또는 2인 1조 실습하기. 코칭 대화기술에 대하여 배운 것을 2인 1조로 서로 실습을 함.

(7) 코칭 실습 소감 나누기: 코칭 대화기술 실습을 하고 소감 나누기를 함.

(8) 마무리: 실천 과제 발표하고 소감 나누기, 배운 내용에 대하여 소감을 나누고 다음 주에 실천할 과제를 모든 회원에게 발표함.

2) 참가자 피드백을 통해 본 운영 효과

(1) 코칭기법을 배우고 실천하여 행복한 가정으로 바뀌었다.

(2) 미래를 준비하는 삶에서 현재 행복한 삶으로의 변화를 가져왔다.

(3) 15개월 아기의 워킹맘에게도 부모독서코칭이 유용함을 알았다.

(4) 부모독서코칭으로 아들과 애인이 되어 따뜻한 대화로 행복감을 느낄 수 있었다.

(5) 코칭을 통하여 대화와 소통의 소중함을 알고 실천을 통하여 생활의 변화를 가져왔다.

(6) '부모독서코칭'에 참여한 후 남편과의 관계가 좋아지고 원하는 취직도 하게 되었다.

"가장 힘든 것이 배운 것을 실천하는 것이다. 12회기를 거치면서 아이들에게 하나하나 코칭 기법을 적용하고 실천해 가면서 많은 변화를 가져오는 경험을 했다. 무엇보다도 나 자신의 긍정적인 생각과 변화된 모습으로 나 자신을 사랑하게 되고 자신감을 갖는 계기를 만들어 준 것 같다.

아이들의 감정을 읽어 주고 눈높이를 맞추어 아이의 마음을 이끌어 대화의 기회도 만들어 주는 것이다. 감정코칭을 통하여 아이의 감정을 읽어 주면서 자아 성장과 자존감이 높아지는 아이로 자라길 바라는 마음으로 소통하는 기회를 만들었다. 이러한 실천은 아이와 더불어 온 가족들이 함께 변화되는 계기가 되었고 아이들에게도 자신감이 생기는 좋은 경험이었다. 특히 부모의 생각이 아닌 아이들에게 의견을 물어보고 아이의 이야기를 잘 경청하고 공감하는 공감적 경청에 대한 훈련을 통하여 아이들과 대화를 자주 하고 소통하는 시간이 많아졌다. 코칭기법의 중요한 경청과 질문, 인정, 칭찬 기법을 처음에는 잘 활용하기가 어려웠지만 시간이 지나면서 자연스럽게 자녀는 물론 가족들과 행복한 소통을 하는 계기가 되었다."

- 참가자 C -

"무엇보다 실천을 통하여 아이들과도 서로 대화로 소통하는 시간이 많아지게 되고 아이들을 더 많이 이해하고 칭찬하고 경청해 주게 되었다. 나의 욕심으로 아이들에게 억압하고 지시, 명령하려 했던 나의 행동들이 조금씩 감정코칭 대화법으로 변해 갈 수 있는 길잡이 역할을 해 준 소중한 시간이었다. 자녀 교육을 어떻게 해야 하는가에 대해 부모독서코칭 수업을 들으며 아이들의 말에 건성으로 대답해 주지 않고 공감적 경청을 해 주면서 아이들과의 관계가 많이 좋아짐을 깨달을 수 있어서 감사한 시간이었다."

- 참가자 D -

"이번 부모독서코칭 프로그램에 참여하면서 자녀를 양육하는데 있어서 아이들에게는 물론 나 자신에게도 삶을 변화시키는 계기가 되었다. 무엇보다도 듣는 수업이 아닌 실천으로 이어지는 수업으로 한 단계 한 단계 노력하는 나 자신을 발견할 수 있었다. 코칭을 통해서 경청이 얼마나 중요한지를 다시 한번 느끼게 되었고 또한 아이들에게도 최대한 나 자신을 내려놓고 경청하는 습관부터 길러야겠다는 것을 깨닫는 시간이었다."

- 참가자 E -

"부모독서코칭을 통하여 가족 간에도 감사로 인해 관계가 회복될 수 있는 좋은 계기가 되었으며 나를 낮추고 상대방의 이야기에 경청하면서 저 자신을 더 신뢰하게 되었고 뜸하게 하던 독서에 바람을 넣어 주어 책을 가까이할 수 있는 계기도 되었다. 잠자리에서 아이가 책을 읽어 달라고 하면 늦은 시간임에도 불구하고 몇 장씩 읽어 주었다. 책을 읽어 주고 들으면서 잠들게 하는 습관은 부모독서코칭 덕분에 실천하게 된 것이다. 이로 인해 정말 좋은 습관이 생기게 되어서 기쁘게 생각한다."

- 참가자 F -

"부모독서코칭은 아이들뿐만이 아니라 자신에게도 독서와 코칭이 얼마나 중요한지를 일깨워 주는 기회가 되었고 특히 코칭기법을 통하여 아이들과 대화하는 기법을 적용하면서 아이들과의 대화 시간이 늘어나고 대화를 통하여 행복감을 느낄 수 있었다. 또 나 자신을 변화시킴은 물론 아이들에게도 대화기법을 적용하며 좀 더 가까이 다가갈 수 있는 코칭 스킬을 배울 수 있어서 너무 좋은 기회였다."

- 참가자 G -

"제일 큰 변화는 나 자신이 변한 것이다. 부정적인 면이 긍정적으로 바뀌고 있고 내가 변하니까 남편, 아이들이 변하기 시작했고, 나 자신이 점점 좋아지면서 무엇을 해도 잘해 낼 수 있는 마음가짐이 생겼다. 아직 서툴고 어색하지만 여기서 배운 것을 가지고 실천해 보려고 노력하고 있다. 실천만 한다면 남편과 아이들한테 도움이 된다는 것을 알았고, 우리 가족을 더 많이 사랑하고 이해하는 마음이 생겼다. 행복한 마음을 갖게 해 주셔서 감사하다. 내 인생의 전환점이 되는 계기가 되었다."

- 참가자 H -

"알에서 깨어 나올 수 있는 계기가 된 것 같다. 다른 사람과의 관계에서 나 중심에서 조금은 상대방 중심으로 바뀌는 부분이 있어 좋았다. 자신의 행동을 반성할 줄 아는 시간을 가졌던 것 같다. 대화를 통하여 나 자신을 들여다볼 수 있는 좋은 기회였다. 부모독서코칭에 함께 참여하여 좋은 이야기들을 많이 해 주신 덕분에 조금이라도 실천할 수 있게 된 것 같아서 감사하다."

- 참가자 I -

"부모독서코칭을 배우면서 내 감정의 부정적인 부분이 긍정적으로 바뀌었다. 코칭대화로 경청과 인정을 해 주고 피드백을 해 주면서 많이 발전하고 있다. 역할극으로 아이의 감정이 어떤지 가정에서도 해 본다면 서로의 마음이 어떤지 알아 가면서 좋은 일만 생길 것 같다."

- 참가자 J -

4) 앞으로 지금보다 더 나아지기 위해 꼭 실천해 보고 싶은 과제

(1) 단 몇 장이라도 읽어 주고 잠들어 가는 아이의 모습을 보며 행복

한 모습 실천하기.

(2) 이해, 칭찬, 경청, 감사, 경험, 행복을 실천하고 노력하기.

(3) 큰 그림을 보며 귀중한 시간 행복하게 보내고 남편과 행복한 가정 꾸미기.

(4) 아이에게 '잘해라.'라고 하기보다 부모인 내가 먼저 아이들에게 본보기가 될 수 있도록 노력하기.

(5) 내가 행복해야 아이들도 행복하다는 생각을 마음속에 새기며 나 자신이 먼저 즐겁고 열심히 살아가는 모습 보여 주기.

(6) 아이가 더 나은 행복한 삶을 살아갈 수 있도록 인정해 주고 기다려 주고 응원해 주는 든든한 지지자, 조력가의 역할 해 주기.

(7) 매일 15분 이상 아이들과 같이 놀이 활동 시간 갖기.

(8) 아이들과 코칭대화연습 매일 30분씩 하기.

(9) 아이의 학교 생활에 대하여 공감해 주고 경청해 주며 대화하기.

(10) 성급하게 행동하지 말고 한 번 더 생각하고 말하고 행동하기.

(11) 코칭대화를 가족은 물론 주변 사람들과의 대화에서도 활용하기.

4. 맺는말

본 사례에서 필자는 '부모독서코칭'을 각 현장에서 어떻게 진행하고 어떤 효과를 볼 수 있었는지에 대하여 소개했다. 부모독서코칭을 학교 현장, 도서관, Zoom에서 다양한 방법으로 운영해 본 결과 많은 효과가 있었음을 실감했다. 자녀 교육 관련 책과 코칭 기법을 융합하였기 때문에 더 좋은 결과를 가져왔다는 점도 강조하고 싶다. 특히 코칭기법 교육을 통하여 부모님들이 코칭기법을 아이들은 물론 가족과 함께 실천하면서 가정이 행복해지는 기적 같은 변화를 가져왔다. 이러한 '부모독서코칭'이 주변에 더 많이 홍보가 되고 전파가 되어 개인의 성장은 물론 가정과 사회의 변화까지 이어진다면 그 파급 효과는 정말 클 것으로 생각한다. 코칭 실천 사례를 통하여 앞으로도 많은 부모님들께서 코칭 교육을 받아 아이들과 가정은 물론 주변 사회까지 모두 행복해지기를 기대해 본다.

성금자

서울 오현초, 자양초에서 8년간 교장으로 근무하고 정년퇴직을 했다. 서정대학교에서 사회복지학과 겸임교수로 활동을 했다. 2012년 코칭교육을 처음 시작으로 KPC 자격증을 취득 후 학교에서 학부모, 교사, 학생들에게 코칭 교육을 전파하여 한국코치협회에서 '코칭문화 확산 우수기관'으로 선정 되어 수상을 받기도 하였다. 감사와 코칭으로 함께 하는 사람들의 변화와 성장을 돕는 사명으로 감사 강의와 코칭 강의, 코칭 독서 모임을 운영하고 있다. 한국코치협회 인증코치인 KPC, KAC인증실기심사위원, 국제코칭연맹의 전문코치(PCC) 자격이 있으며 저서로는 『감사나눔 교육으로 행복을 찾다』가 있다.

이메일: sungja510@hanmail.net
블로그 : https://blog.naver.com/sungja510

교사성장학교 COAT
자기인식 존재코칭

권영애

"The quality of an education system can never exceed
the quality of its teachers."
교육의 질은 교사의 질을 뛰어넘을 수 없다.
그 어떤 변인도 교사 변인을 뛰어넘을 수 없다.

나는 한 어린 생명을 전인적 존재로 믿어 주는 교사가 교육의 희망,
교실의 희망이라고 믿는다. 교육 지식, 커리큘럼이라는 표면 교육 과
정 뒤에 한 존재라는 암묵 교육 과정, 한 교사의 몸, 마음, 영혼은 그 자
체로 IQ, EQ를 넘어서서 SQ(Spiritual Quotient)를 발휘하는 근본 파워
다. 논리적 문해력, 정서적 관계력, 실존적 의미력을 가진 한 교사는

교육의 출발이자 본질이다.

6개월만 산다면 무엇을 할까? 어디로 가야 할지 답을 주는 질문, 나에게 그 답이 이 학교였다. 2018년 3월, 전국 초중고 공교육 교사를 선발하며 오픈한 '버츄천사리더 교사성장학교'는 한 교사의 실존적 성장을 돕는 일, 샘플도 선례도 없는 학교지만 나는 용기를 냈다. 이 학교는 지식, 노하우를 전수하는 학교가 아니라 '사랑 에너지 체험' 셀프코칭학교를 지향하며 출발했다.

교사들에게 사랑 에너지 존재 체험 학교로 초대장을 내밀었을 때, 많은 교사들이 뜨겁게 반응해 주었다. 2018년부터 2020년까지 매번 지원자가 3~4:1을 넘어설 만큼 폭발적이었다. 교육과정은 처음에는 버츄프로젝트를 중심으로 시작했지만, 인간 내면의 감성, 영성을 깨우는 셀프코칭 활동으로 출발해, 반구조화 존재코칭 프로그램으로 점차 확대되었다. 2021년 6월~2022년 6월까지 30여 명의 교사 리더들에게 진행한 반구조화 COAT 자기인식 존재코칭 프로그램 적용 사례를 소개하고자 한다.

1. 코칭 프로그램 설계

교사성장학교 COAT 그룹코칭 프로세스					
프로세스	코칭 영역	코칭 세션별 주제	지향	범주	인간 역량
Care 감정 돌봄	나-나 만남 코칭	1. 셀프 겐샤이 코칭 2. 나-나 만남 코칭	자기 인식	나	감성 역량

Observe 마음 관찰	나-나 연결 코칭	3. 나-내면 교사 연결 나만의 체험 언어 찾기	자기 이해	나	사회 정서 역량
Awareness 존재 만남	나-존재 만남 코칭	4. 나의 카이로스 라이프	존재 확신	나-너	맥락 역량
Try 존재 실행	나-존재 실현 코칭	5. 멘토 멘티 1:1 코칭	존재 실현	우리	영성 역량

2. 첫 번째 세션: 나-나 만남 코칭, 셀프 겐샤이 코칭 시작하기

1) 셀프 겐샤이 코칭이란?

교사성장학교에 내면 성장을 위해 입학한 교사들을 위한 첫 번째 코칭 주제는 '셀프 겐샤이'다. '겐샤이(Gensha)'는 고대 힌디어로 '누군가를 대할 때 그가 스스로를 작고 하찮은 존재로 느끼도록 해서는 안 된다.'는 뜻이다. 특히 '겐샤이'의 출발은 자기 자신이다. 무엇보다 나 자신을 대하는 방식은 내가 사람을 대하고, 세상을 대하는 방식에 그대로 반영된다. 그래서 자신이 먼저 나를 진심 어린 자비, 격려의 '겐샤이'로 대하는 게 먼저다.

셀프 겐샤이는 생각, 감정, 욕구 마음 챙김이다. 마음 챙김의 상태는 자신의 생각, 감정을 있는 그대로 바라보는 시간으로 심리적 거리두기가 가능하다. 이는 상황에 따른 편도체 납치로 인한 감정의 홍수 반응, 부정적 정서 반응을 감소시킬 수 있고, 정서를 좀 더 쉽게 조절할 힘을 준다. 상황에 대한 인지적 해석이 없어도 자연스럽게 감정이 수용되고, 조절이 일어나는 효과를 불러오기에 인지적 개입보다 더 강력하다.

코로나 이후 급변한 학교 환경에서 온, 오프라인으로 처리해야 할 과다한 업무, 심리적 어려움이 추가된 학생, 학부모와의 관계 안에서 교사들은 소진의 삶을 살기 쉽다. 이때 자신의 생각, 감정, 욕구를 매일 일정 시간에 평가 없이 만나 주는 셀프 겐샤이는 의도적인 나나 만남이며, 자기 존중 시간이다. 나나 소외에서 나나 존중으로 깊은 만남이 일어날 때, 의식이 확장되고, 전인적 존재로서 자신의 가능성, 창의성, 고유성을 확신하기 쉽고, 장기적으로 자기 삶의 실존을 살아갈 수 있을 것이다. 무엇보다 교사는 어린 영혼과의 만남 전, 나나를 만나고, 그 에너지를 바탕으로 어린 영혼을 만난다. 교사는 교육 과정이라는 표면 교육 과정과 더불어 내면의 사랑이라는 암묵 교육 과정을 동시에 품고 어린 영혼의 삶에 함께하기 때문이다. 교사의 나나 만남 시간은 그래서 소중하다.

2) 셀프 겐샤이 코칭 프로세스

(1) 셀프 겐샤이의 전반적 내용에 대해 안내한 후, 최근 있었던 일

의 이미지를 자세히 떠올려 보게 한 후, 최소한 일주일에 1번 이상 셀프 겐샤이를 작성하는 시간을 가졌다.

(2) 1:1로 자신의 셀프 겐샤이를 나누고, 상호 피드백을 나눈 후, 셀프 겐샤이 체험을 통해 배우고, 느끼고, 깨달은 점을 나누었다.

(3) 셀프 겐샤이를 지속적으로 카톡방에 쓰고 나누도록 4인 1조 톡그룹을 구성하였다.

(4) 미션 인증 활동을 원하는 교사들을 위해 밴드를 구성, 발전적으로 마음 챙김 명상, 사랑 에너지 명상 음성 파일을 제작해 제공하였다.

셀프 겐샤이를 시작할 때 마음 챙김 명상을 하고, 마칠 때는 사랑 에너지 명상을 해 보니, 명상이 없을 때보다 더 열정적, 자발적으로 셀프 겐샤이를 하는 것을 본다. 또 자발적 상호 피드백이 늘어나고, 동료가 오늘 하루 어떻게 보냈는지 진심 어린 상호 공감이 일어나면서, 자기 공감력이 강화되는 것을 본다.

(1) 명상: 꽃샘의 마음 챙김 명상으로 에너지 정화.

(2) 이미지: 오늘의 핵심 이미지는?

(3) 감정: 오늘의 핵심 감정은?

(4) 욕구: 감정 뒤에 숨은 욕구는?

(5) 공감: 그럴 수 있어! 애썼네.

(6) 코어: 그럼에도 코어가 빛나고 있군.

(7) 명상: 꽃샘의 사랑 에너지 명상으로 에너지 정화.

(1) 명상- 꽃샘의 마음 챙김 명상

(2) 이미지- 학부모회의 질의응답에 성실히 답변하는 나

(3) 감정- 짜증 나지만 친절하게 응답하려는 나

 → 학부모회 담당 교사로서 학부모들의 어려움과 민원을 귀 기울여 듣고 함께 문제를 해결할 수 있도록 돕고 싶었는데 요구들이 너무 주관적이고 이기적이라 어쩔 수 없이 학교 입장에서 답변할 수밖에 없어 속상함.

(4) 욕구- 학부모 입장에서 많이 생각하고 배려해 주고 싶고, 나도 세 아이를 학교에 보내는 학부모로서 그들과 충분히 공감하고 싶었음.

(5) 공감- 학부모회 담당 교사로서 너는 최선을 다하고 싶었는데 기대에 못 미치는 것 같아서 속상했었구나. 그렇지만 학부모들도 너의 진심을 알거야, 원래 진실한 마음은 통하기 마련이니까. 항상 발을 동동거리며 교감, 교장, 행정실장을 만나 상황을 설명하고, 설득하고, 학부모 의견을 전달하고 다행히 긍정적인 답변을 받아 낸 것만 봐도 넌 이미 충분히 너의 역할을 잘 해낸 것이란다.

3) 셀프 겐샤이 코칭 사례

(1) 김○○ 교사의 셀프 겐샤이

(1) 명상: 꽃샘의 마음 챙김 명상.

(2) 이미지: 한숨 쉬는 나.

(3) 감정: 방학을 일주일 앞두고 우리 반 금쪽이와 터졌다. 사실 점심 시간이 아닌 쉬는 시간이었다면 금방 해결됐을 수도 있는데, 하교 직전에 일어난 일, 인정하지를 않는다. 남아서 이야기하니 일은 더 커지고 아주 억울해 울고불고 난리다. 나는 정말 진심으로 도와주고 싶고 친구들과 잘 지내게 해 주고 싶은 마음인데 이야기를 풀어 나가는 게 쉽지 않아 막막하고 허탈하다. 코칭 대화로 질문을 하면 그냥 다 모르겠다고 말하는 아이와 더 이상 대화할 마음이 사라진다. 답답하다. 안타깝다.

(4) 욕구: 나의 원칙을 지키고 싶었다. 아이에게 영향력이 있는 사람이고 싶었고, 우리 반 공동체가 서로 존중받고 친밀한 관계가 되기를 바랬구나.

(5) 공감: 아이와 해결되지 못한 채 주말을 맞이하게 되어 속상하구나. 아이가 하는 이야기를 들으니 아이가 나에게 억울한 것이 많은 것 같아 놀랍기도 하구나. 정말 진심으로 대한다고 생각했는데, 사랑 에너지 일치를 위해 정말 노력했는데 아이가 그렇게 말하니 허무하고 허탈했겠구나. 올해 그 아이가 변하지 않더라도,

너는 최선을 다하고 있어. 너는 그냥 너의 자리에서 할 수 있는 만큼 노력하면 되는 거야.

(6) 코어: 그럼에도 화내지 않은 초연의 코어가 빛난다. 그리고 진심으로 말하려고 노력했던 진정성의 코어가 빛나!

(2) 이○○ 교사의 셀프 겐샤이

(1) 명상: 사랑 에너지 명상.

(2) 이미지: 프리즘 카드로 뽑은 이미지- 평온하고 여유 있어 보이는 파란 의자(○○의 의자).

(3) 감정: 소중한 나, 나를 사랑해 줘서 고마워! 따뜻하고 감사하고 뭉클하다.

(4) 욕구: 자기 사랑을 실천해 가고 있는 나, 나 자신에게 신뢰감이 들고 감사하다.

(5) 공감: 앞으로의 나를 더 사랑하고 존중할 수 있을 것 같아 기쁘고 감사하다. 나를 돌보는 나의 마음과 정성, 사랑이 한 발 더 성장했음에 스스로 대견하구나. 그런 나를 스스로 소중하다 고맙다, 감사하다고 하는 걸 보며, 뭉클했구나.

(6) 코어: 사랑, 존중, 정성, 기뻐함, 평온, 한결같음, 신뢰. 나의 코어가 마구 뿜어져 나온다.

(3) 정○○ 교사의 셀프 겐샤이

(1) 명상: 꽃샘의 마음 챙김 명상.

(2) 이미지: 찡그리고 있는 나.

(3) 감정: 얼마전 친한 선생님이 교실에 찾아왔다. 그리고는 우리 부장님 욕을 한다. 뒷담화가 불편해 그냥 어색하게 웃으며 들었다. 사실 나도 공감하는 내용이고 남편한테는 자주 이야기하긴 했지만 더하고 싶지 않아 불편한 감정이 들었다. 어색하고 부담스러웠다. 그런데 그런 얘기를 듣고 나니 부장님의 한마디 한마디가 더 부정적으로 다가온다. 부정적인 말의 영향을 강력하게 느낀다.

(4) 욕구: 공동체의 구성원으로서 다른 사람을 존중하고 싶었구나. 비록 사람과 맞지 않더라도 공평하게 대하고 싶었구나.

(5) 공감: 다른 사람의 뒷담화를 듣는 것이 불편했구나. 그럴 수 있지. 그 이야기를 하면서 짜증 난 그 사람의 마음이 조금이나마 풀렸으면 도움이 된 거야. 부정적인 이야기를 듣고 비록 공감하지 않았어도 듣기만 한 것만으로 그 뒤로 부장님의 한마디 한마디에 부정적 감정이 든 걸 보니 부정적인 말의 영향이 정말 큰 걸 알았어. 앞으로 부정적인 말보다 긍정적인 말과 생각을 더 자주하자!

(6) 코어: 오늘 어려운 상황에서도 균형, 신뢰의 코어를 발휘하려 노력했다.

4) 셀프 겐샤이 코칭 소감 나누기

"셀프 겐샤이로 매일 저를 돌아본다는 건 그저 하루를 복기하는 것이 아닙니다. 더더욱 일기와는 다릅니다. 신께 드리는 기도와도 전혀 다릅니다. 오로지 내면에 초점을 맞추고 나에게 매일 사랑의 에너지를 듬뿍 주는 시간입니다. 셀프 겐샤이를 하기 전에는 저의 영혼이 까만 밤 불 없이 산길을 헤매고 있다는 사실조차 몰랐습니다."

"필연적으로 맞닥뜨리게 되는 무수한 아픔들. 그 아픔들에 치이고 찢기는 마음의 상처를 그저 멍하니 바라만 보거나 원망만 하던 때가 더 많았습니다. 조금 더 일찍 겐샤이로 나를 보살펴 줄 수 있었다면……. 타인에게 기대어 내 마음을 알아주기를 바라는 것은 한계가 있습니다. 유일한 방법은 내가 나를 온전히 안아 주는 것 뿐입니다."

"매일 겐샤이를 하는 것이 쉽지 않았습니다. 혼자 하는 것은 불가능에 가까웠습니다. 저는 올해 꽃샘을 만나서 겐샤이 코칭을 통해 각오를 단단히 했습니다. 오늘 126번째 겐샤이를 쓰고 나눕니다. 셀프 겐샤이 시간은 제 영혼을 따뜻하게 감싸주는 시간입니다."

"세상은 아주 작은 하나의 움직임으로부터 바뀌기 시작합니다. 세상의 중심은 저에게 있다고 믿습니다. 셀프 겐샤이는 그런 의미에서 각자와 모두를 함께 아우릅니다. 내가 바뀌면 세상이 바뀝니다. 저는 아주 미비하지만 그 변화를 셀프 겐샤이를 통해 맛보았습니다. 남편과의 사이가 좋아졌고, 제자와 진심으로 사랑을 주고받을 수 있는 교사가 되었습니다."

3. 두 번째 세션: 나-나 만남, 나-나 만남 코칭

두 번째 세션의 키워드는 '나-나 만남'이다. 삶의 주도권, 의식 성장의 출발은 '나-나 만남'이다. 인간이 자신의 생각, 감정, 욕구, 신념 등을 알아차리지 못하도록 방어 기제를 습관적으로 쓸 때 자기 자신과 먼저 분리된다. 나-나 소외가 일어난 것이다. 나보다는 상대의 욕구에 반응하며 살게 된다. 자신의 이러한 상태를 알아차릴 때, 의식이 확장되고, 변화를 선택하게 된다. 나-나 소외가 일어나면 친밀감이 결여된 나-대상 관계로 살아가기 쉽다. 내 옆에 있는 한 사람은 나의 필요를 충족시키는 도구화, 대상화로 나-너 소외가 일어난다. 이는 나도 살지 못하고, 너도 없는 삶, 탈인간화, 나-너 소외의 삶이다. 인간은 홀로 존재할 수 없다. 삶을 통해 너와 만나, 진정 살고 싶은 삶을 실현한다.

인간은 상호주관적(intersubjective)인 존재이다. 마틴 부버(Buber)는 인간은 분리되어 살아갈 수 없으며, 관계 안에서 힘을 얻는다고 보왔다. 우리의 실존 양식은 Buber는 '나-너'로, Gadamer는 '나-그대'로, Levinas는 '초월'로 다르게 표현했지만, 공통 본질은 대화적 실존이라는 것이다. 대화적 실존 즉 '나와 너'가 연결될 때 비로소 하나가 되어, 실현의 장이 만들어진다. 나-나, 나-너, 나-너-세상(우리)이라는 '공동 존재'가 될 때, 인간은 존재 실현을 하고, 작은 존재에서 큰 존재로 확장이 된다. 자아실현의 지점, 자기 초월의 시작이 나-나, 나-너 관계인 것이다. 인간은 결국 나-나 소외를 알아차리고, 나-나 연결을 거쳐 나-너-세상 연결로 확장된다.

나-존재 소외는 실존으로부터 분리된 상태이다. 실존은 내 삶의 이유, 의미를 찾아가는 삶이다. 따라서 삶의 의미를 찾을 수 없는 순간에 인간은 깊은 소외감을 느끼며, 이를 나-존재 소외, 나-의미 소외라 말할 수 있다. 나-존재 소외가 일어나면 자기 고유성, 특별성과 멀어진다. 인간은 삶의 의미를 찾고자 한다. 삶의 의미는 개인과 세계에서 일어나는 사건을 해석하는 방법을 제공하며, 삶의 목표, 방향성을 결정한다.

우리는 실존적 흔들림과 위기를 통해 삶의 의미를 비로소 찾게 된다. 이때 나-나, 나-너로 연결되며, 궁극의 실존적 존재로서 삶을 자각하고 체험한다. 이 과정에 '성찰'이 관여하게 된다. '성찰'은 궁극의 자기 자신의 실존에 대한 이해와 용기, 사랑의 힘을 결단하게 하며, 그 힘은 존재 대 존재로서의 연결 지향을 지속하게 한다. 약하지만 강한 존재로, 혼자이지만 함께하는 실존적 관계 맺음이 유지되도록 한다. 나-나 연결 코칭은 성찰을 통해 나와 너를 만나게 하고, 세계와 연결되도록 할 것이다.

주제에 대한 칼럼과 질문 파일을 만들어 매주 월요일에 안내하였고, 질문에 대한 나나 만남에 대한 답을 나누었다. 온라인 카페에서 매주 1가지씩 이 주제에 대한 답을 올리고, 전체 인원을 4그룹으로 나누어 소그룹으로 상호 피드백을 진행하였다. (회기당 약 1시간 30분 소요)

순	Agenda	회기별 코칭 주제	주간 칼럼 및 셀프 미션
1	목표	코칭 목표 나누기	개인별 목표, 다짐 나누기
2	팀, 주제	팀매칭, 세션별 안내	4모둠 매칭, 카톡, 카페 가입
3	감정	핵심 감정	나의 핵심 감정은 무엇인가?
4	욕구	안전 욕구 vs 성장 욕구	나의 안전 욕구와 성장 욕구 소개
5	Virtue	대표 미덕	나의 대표 미덕, 성장 미덕 소개
6	Persona	대표 역할	내 삶의 주요 역할, 만족도는?
7	Spiritual	존재 의미	내 삶의 존재 의미는?
8	무의식	만트라	내가 나에게 자주 하는 말(만트라)은 무엇인가요?
9	무의식	내사 vs 투사	나도 모르게 반복해 온 내사와 투사는 무엇인가요
10	취약성	고통의 의미	고통이 나에게 준 의미는 무엇인가요? (『작은 영혼과 해』 독후 활동)
11	신념	신념	내가 가진 긍정적 신념, 부정적 신념은 무엇인가요?

12	Ritual	삶의 리츄얼	내가 반복하는 삶의 리츄얼은 무엇인가요?
13	here & now	시간과 주의력	나에게 시간과 주의력을 어떻게 쓰고 있나요?
14	here & now	마음 챙김	나의 삶 속에서 의식적으로 노력하는 것은 무엇인가요?
15	here & now	마음 챙김	나의 삶 속에서 저절로 정성이 들어가는 순간
16	의식 확장	자기 자비	내 삶의 어바웃 타임, 자기 자비 타임을 만든다면?
17	의식 확장	자기 자비	내 삶의 8:2 법칙은 무엇인가요?
18	의식 확장	존재 방식, 존재 일치	내 삶의 나침반과 오아시스는 무엇인가요?

4. 세 번째 세션: 나-나 연결 코칭, 내면 교사 연결, 나만의 언어 찾기

한 교사의 가르침은 자신의 영혼에 거울을 들이대는 행위이다. 만약 내가 그 거울을 들여다보면서 거기에 나타난 풍경으로부터 도망치지 않는다면, 나는 자기 지식(self-knowledge)을 얻을 수 있다. 나 자신을 안다는 것은 학생과 학과를 아는 것만큼이나 중요한, 훌륭한 가르침의 필수 사항이다. 만약 나 자신을 모른다면, 나는 내 학생이 누구인지 모르게 된다. 나는 반성 없는 생활의 그림자 속에서 검은 안경을 쓰고 학생들을 보게 된다. 학생들을 제대로 보지 못한다면 그들을 제대로 가르칠 수 없다. 훌륭한 가르침은 자기 지식(self-knowledge)을 필요로 한다.

– 파커파머 『가르칠 수 있는 용기』 36p –

한 사람의 삶은 그대로 나너 관계에 있는 다른 사람의 삶이 된다.

나나 연결 코칭은 내가 세상에 내가 태어난 존재 이유를 알아차리고, 자기만의 언어를 찾아내는 과정이다. 나만의 언어를 찾는다는 것은 객관적 주어진, 언어에서 주관적, 고유한 감정, 생각, 욕구를 가진 나를 알아차리는 일이며, 스스로 선택한 나다움을 알아차리는 출발이다. 또한 나 자신의 존재 이유와 일치되기에 삶의 만트라로 작용하며, 신념이 될 만큼 강력하다.

나만의 언어는 내 존재의 유일한 집이다. 나나 연결 코칭의 나만의 언어 찾기는 진정한 권위와 신념이 안에서부터 생겨나 행동으로 자연스럽게 흘러나오게 될 것이다. 이 '마음의 소리'와 일치된 삶은 절로 소명이 된다. 소명은 내 고유한 존재 이유와 일치하는 일, 나의 지향성이기 때문이다.

지식생태학자 유영만 교수의 『아이러니스트』를 바탕으로 6명의 철학자를 선정해, 내면 교사 만남 코칭을 진행하였다. 자신 안에 있는 지식, 즉 자기 지식(self-knowledge)을 알아차리고, 내면 교사가 만들어온 자기만의 개별적 경험, 언어, 지식, 도전을 깊이 만나는 세션이다. 6명 철학자의 존재 화두를 30분~1시간 강의로 안내한 후 1:1로 자기만의 언어를 찾는 코칭을 30분 진행했다. 이후 전체 그룹에서 각 그룹에서 나눈 자기만의 언어를 다시 나누는 시간으로 약 1시간 진행했다(회기당 약 2시간 30분 소요).

순	철학자	Agenda	회기별 나-나 연결 코칭 주제
1	존 듀이 (John Dewey)	경험 (Experience)	내 인생의 1차(몸) 경험, 나의 2차(마음) 경험은 무엇인가?
2	리챠드 로티 (Richard Rorty)	마지막 어휘 (Final Vocabulary)	나에게 마지막 어휘는 무엇인가요?
3	미셸 푸코 (Michel Foucault)	자기 배려 (epimeleia heautou)	내가 시도한 자기 배려는 무엇인가요?
4	마이클 폴라니 (Michael Polanyi)	인격적 지식 (personal knowledge)	인격적 지식 1, 내가 체험한 인격적 지식은 무엇인가요?
5			인격적 지식 2, 내가 쌓아온 인격적 지식은 무엇인가요?
6	질 들뢰즈 (Gilles Deleuze)	차이와 반복 (difference and repetition)	내 삶에서 만들어 온 차이와 반복은 무엇인가?

5. 네 번째 세션: 나-존재 만남 코칭, 나의 카이로스 라이프(Kairos-Life) 나누기

우리에게는 2가지의 시간이 있다. 24시간이라는 물리적 시간인 크로노스(Kronos)와 마음으로 느끼고 해석하는 의미, 가치의 시간인 카이로스(Kairos)다. 내가 소중히 여기는 의미가 있는 일은 10시간 몰입해도 힘들지 않다. 그 이유는 나에게 힘주는 의미 있는 카이로스의 시간이기 때문이다.

우리는 24시간 하루를 크로노스의 시간 안에서 바쁘게 살면서, 그 24시간이 자신에게 어떤 의미, 가치인지 알아차리지 못하고 산다. 잠깐 멈추고 그 의미, 가치인 카이로스를 찾아주는 일은 나의 존재를 만나 주는 일이다. 매일 똑같은 24시간을 살아도, 같은 24시간이 아니고 나만의 24시간이기 때문이다. 내가 해석한 나만의 의미, 특별성을 체험하는 카이로스 시간은 나의 관점, 선택에 따라 달라진다.

격월 토요일, 2명이 자신의 카이로스 라이프에 대해서 약 30~40분 발표한 후, 상호 피드백을 나눈다. 1:1로 약 30분 자신의 카이로스 라이프에 대해 나누고, 전체 방에서 나눈 내용에 대해 발표하고, 상호 피드백을 나누었다(약 2시간 30분 소요). 약 8명이 개인 카이로스 라이프를 발표했고, 이를 발전시켜 1일 8시간을 카이로스 라이프 원데이 코칭을 진행했다. 이때는 전체 그룹원 중 발표하지 않은 구성원을 우선으로 자신의 카이로스 라이프를 20~30분 발표하는 시간을 가졌다.

1) 코칭 과정 소감 나누기

"내가 해내는 일들은 엄청난 일들인데 나는 그것에 만족을 느끼지 못하고 사는구나. 내 안의 간수가 나를 하루 종일 지켜보고 있었네. 죄수도 나, 간수도 나!"

- 김○○ 교사 -

"사랑을 찾아가는 과정의 아픔은 진짜 아픔이 아니다. 코칭 과정 속에서 내 마음속 응어리가 풀리는 느낌이다. 모두가 가는 길에서 발걸음을 돌려서 반대로 가는 것에 두려움이 있었고 거부감이 생겼었는데 이제는 기쁜 마음으로 그 길을 갈 수 있을 것 같다."

- 박○○ 교사 -

"역할에 치여서 내가 아닌 나로 살고 있고 외부에서 힘을 가져오려고 해 왔는데, 나를 들여다보려고 시도하면서, 내 안에 강력한 힘이 원래 있다는 생각이 들었다."

- 이○○ 교사 -

"어떤 모습도 판단하지 않고 나임을 받아들인다. 이제 비로소 나를 포용하는 느낌이다. 좋은 모습도 있고 싫은 모습도 있는 나, 그래도 나는 사랑이 많은 사람, 나는 나를 믿는다."

- 이○○ 교사 -

"난 아직도 나를 알아가고 있다. 내가 누구인지 몰랐다는 것을 알게 되었다. 올해는 나를 사랑하는 한 해가 되자 했지만, 가족과 학교 역할에서 다 잘 살기 위해 두렵고 불안했던 나를 알아차린다. 이 과정이 진정한 나라는 것을 안다. 불완전하지만 이런 나를 사랑한다."

- 유〇〇 교사 -

"사랑받고 싶었고 인정받고 싶어서 참 많이 참고 나의 행복을 뒤에 놓고 살았었다. 가정의 행복, 평화라는 명분으로 힘들게 지내오면서 왜 그렇게 열심히 살았는데, 애쓰고 살았는데 남은 게 좌절감, 우울감, 불안감이었는지……. 오늘 코칭 안에서 더 구체적으로 깨닫게 되었고…… 진정으로 행복한 내가 되어야 다른 사람과의 만남이 진정성 있고 행복하게 이루어질 수 있을 것이라는 믿음이 더욱 확고해졌다."

- 정〇〇 교사 -

"내가 갖고 싶은 내 '모양'이 내가 진정으로 원하던 모습이었나하는 질문을 나에게 해 보았다. 어쩌면 누군가가 원하는 모습을 내 모양으로 믿고 그것을 향해 가고 있었던 게 아닌가 싶어요. 이제는 진정으로 제가 원하는 것이 무엇인지 알고 싶다."

- 김〇〇 교사 -

"성실한 나는 타인을 향한 것이고 진정성 있는 나는 자신을 향한 나라는 말에 먹먹해진다. 나 다운 게 무엇인지 잘 모르겠지만 그것을 찾아가는 과정이 삶이란 생각이 든다. 그 과정을 기쁘게 걸어가 볼 것이다."

- 허○○ 교사 -

"진짜 나로 살아가고 있구나라고 생각했는데 가끔 특정 상황에서 믿고 있던 모습이 진짜 나의 모습이 아니었구나라는 알아차림이 온다. 삶의 여정이 나의 본질을 찾아 나가는 과정임을 이제는 안다. 하루하루 사랑 체험으로 나를 만나는 모험이 좋다."

- 이○○ 교사 -

"나에게 주입되어 있던, 내가 생각하던 나다움이 어디에서 왔는지 그 처음을 알게 된 듯하다. 그때의 나를 안아 주고 이제는 진짜 나를 찾아가는 걸음을 떼고 싶다. 나 자신에게 진정성 있는 삶으로 하루하루 기쁜 걸음을 걸을 수 있을 거란 희망이 보인다."

- 김○○교사 -

"쇼펜하우어가 새벽에 홀로 잔디밭에 앉아 생각에 잠겨 있었는데 경비원이 와서 "당신은 누구요?"라고 물었는데, 쇼펜하우어가 "나도 그걸 몰라 이러고 있소."라고 했다던 이야기를 들었습니다. 저도 쇼펜하우어와 같은 마음입니다."

- 정○○ 교사 -

"코칭을 통해 나다운 나를 드디어 찾았고 때때로 다시 흔들린다. 아직 불안하고 답을 다 찾지 못했지만, 그래도 결국 중심을 잡고 제 본래의 자리로 돌아올 것이라 믿는다. 어쩌면 진짜 나는 고정된 것이 아니라 새로운 삶의 국면마다 새롭게 다시 확인하는 것이 아닐까? 가짜 나와 진짜 나 사이에서 진짜 나로 돌아오는 연습을 계속하는 느낌이다."

- 강○○ 교사 -

6. 다섯 번째 세션: 나-존재 실현, 코칭 멘토-멘티 체험하기

1) 멘토 멘티 프로그램 기획

코로나 펜더믹 이후, 교육 현장은 기존 업무에 온라인 업무, 안전 업무까지 폭주하는 상황에 신체적, 심리적 소진 상황이 지속되었다. 발전적 세션으로 상호 멘토-멘티 코칭 10회기 개인 코칭 세션을 진행하기로 하였고, 전체 교사들에게 공지하였다. 이때 멘토 지원자 10명이 지원하였다.

2) 멘토 대상 코칭 교육

10명의 멘토를 대상으로 주 1회 2시간씩 4회기에 걸쳐 온라인 줌에서 코칭의 정의, 인간의 전인적 파워, 존재코칭모델, 존재코칭의 원리, 의식 확장의 원리에 대하여 워크숍 진행을 공지했다. 처음에는 자신 없어 하던 멘토들이 원래 계획했던 2시간이 아니라 3시간 30분이 넘어 가도록 존재코칭에 대한 호기심이 넘쳤고, 질문이 폭발했다. 밤 9시에 시작한 워크숍이 자정이 넘어서 끝나는 날이 이어졌다. 코칭에 대해 이토록 관심이 폭발하는 것이 놀라울 뿐이었다. 원래 2회기 간단한 코 칭 안내 계획이었는데, 멘토 교사들의 강력한 요청으로 2회기가 추가 되어 4회기로 진행되었다.

순	주제	방법	시간
1	코칭의 정의, 코칭의 원리	강의, 질문, 피드백	3시간 30분
2	인간의 전인적 파워(몸, 마음, 영혼의 순환)	강의, 질문, 피드백	3시간 30분
3	마음COAT 존재코칭 모델, 원리	강의, 실습, 피드백	3시간
4	의식 확장의 원리	실습, 피드백	3시간

실습 과정에서 코칭 실습 노트 샘플을 제시해 주었다. 처음 만났을 때, 멘토 코치로서 멘티와의 존재 대 존재 만남을 선언하는 것으로 코 칭은 시작된다. 오프닝에서 소리, 음악, 오감을 자극하는 따뜻한 그림 등으로 함께 시작해도 좋다.

3) 멘토-멘티 코칭

최종 9명의 멘토가 13시간의 워크숍을 마쳤고, 이 9명의 멘토에게 멘티로서 코칭을 받기 원하는 분들의 지원을 받았다. 선착순으로 원하는 멘토-멘티의 1:1 매칭이 완료되었다. 약 20명의 멘토, 멘티와 온라인 줌에서 10회기 멘토-멘티 1:1 코칭에 대한 안내 및 코칭 목표를 공유하였다. 회기당 60분 내외, 세션은 반구조화 코칭으로 매회기별 주제가 주어지며, 이 주제는 사전에 카톡방에 안내하는 것으로 하였다.

순	주제	질문	시간
1 회기	만남, 라포	- 멘토와 멘티 서로 소개하기 - 코칭의 주제, 목표 나누기 - 내가 안전하다고 느끼는 공간, 시간, 사람 소개하기, 그때의 감정 나누기	60분
2 회기	정체감	- 나답다는 것은 당신에게 어떤 의미인가요? - 당신은 어떤 느낌을 주는 사람이고 싶은가요? - 당신은 다른 사람들에게 어떻게 기억되고 싶은가요? - 당신은 누구의 삶을 살고 있나요? - 당신의 이상적인 삶의 모습을 이미지로 표현한다면?	60~ 90분
3 회기	나의 소망	- 당신이 지금보다 더 용기가 있다면, 무엇을 해보고 싶은가요? - 원하는 것이 다 가능하다면 무엇을 시도해 보겠습니까?	60~ 90분

		- 1년 동안 원하는 대로 살 있다면 어떻게 살아 보고 싶은가요? - 신이 당신을 도구로 쓴다면 어떻게 쓰실 것 같은가요? 어떻게 쓰임 받고 싶은가요?	
4 회기	내면 성찰	- 힘든 순간을 이겨 내게 해 주는 당신만의 신념이나 만트라가 있나요? - 그것이 당신에게 어떤 힘을 주나요? - 어려운 상황 속에서 당신의 반응에 영향을 준 가치관은 무엇입니까? - 당신의 신념을 유지하는 것은 당신에게 어떤 의미가 있나요? 또는 어떤 가치를 제공하나요?	60~ 90분
5 회기	Here and now	- 알면서도 행동하지 못하는 것이 있나요? - 왜 그것을 하지 못할까요? - 그때 행동을 하지 못하도록 작용하는 중요한 생각은 무엇일까요? - 그 상황을 관찰해 보면 무엇을 알 수 있나요? - 그 상황이 일어나는 패턴이 있나요? - 내가 놓치고 있는 일에 대해 평상시는 어느 정도 관심을 가지고 있나요?	3시간

7. 코칭 후기 및 통찰

성과(performance)는 잠재 역량(potential)에서 방해 요소 (interference)를 제거하는 만큼 일어난다.

- 『The Inner Game』, 티모시 골웨이 -

1) 첫째, 일상의 나-나 소외에서 나-나 연결 체험!

인간은 상호주관적(intersubjective)인 존재이다. Buber(1937~2010)는 인간은 분리되어 살아갈 수 없으며, 관계 안에서 힘을 얻는다고 보았다. 우리의 실존 양식을 Buber는 '나-너'로, Gadamer는 '나-그대'로, Levinas는 '초월'이라는 말로 표현되는 대화적 실존으로 보았다. 대화적 실존체는 '나와 너'가 연결될 때 비로소 하나가 되며, 실현의 장이 만들어진다. 나-나, 나-너, 나-너-우리라는 '공동 존재'가 될 때, 우리는 존재 실현을 하고, 작은 존재에서 큰 존재로 확장된다. 자아실현의 지점, 자기 초월, 확장의 시작이 나-나 관계다.

자신의 감정을 알아차리지 못하면, 자기 근원 욕구도 알 수 없다. 따라서 불편한 감정을 알아차리고 적절히 수용, 조절하기보다 방어 기제를 쓰기 쉽다. 방어 기제를 습관적으로 쓸 때 코치는 자기 자신과 먼저 분리된다. 나아가 일상 안에서 자신보다 상대의 욕구에 반응하며 살게 된다. 나-나 연결을 통해 자신의 이너 게임(Inner Game)을 알아차릴 때 자기 삶과 상대의 삶에 대한 새로운 연결, 공명, 확장이 일어날 수 있다. 교사들은 외부 지식 지향의 삶에서 나-나 관계에서 나를 비로소 찾아 연결되었다고 보고하고 있다.

친밀감이 결여된 나-대상 관계는 한 사람이 소중한 존재가 아닌, 나의 필요를 충족시키는 게 우선인 사물처럼 여겨질 때, 도구화, 대상화되어 욕구 충족의 수단이 된다. 이는 나만 사는 것 같지만, 실제로는 나도 살지 못하고, 너도 없는 삶, 탈인간화의 삶이다. 인간은 홀로 존재할 수 없기에, 자기 삶을 통해 너와 만나고, 너와 만나 진정 살고 싶은 삶을 실현하게 된다. 나를 인식하게 될 때, 너의 존재와도 깊이 연결될 수 있는 것이다. 이러한 나-나 연결은 개인을 초월적 존재감 체험으로 이끌어 주며, 한 개인의 실존은 개별 존재에서 공동 존재로 더욱 확장된다.

"나는 2022년을 내 존재 나이 0세로 기억하고 싶다. 존재의 불안함으로 떨고 살아왔던 수십 년의 세월의 마침표를 찍고 평온하고 안전한 존재로서 마음껏 날개를 달고 날아오르는 사랑 에너지 존재로서 피해자, 희생자, 외톨이 모드가 아니라 주체자, 봉사자, 동행자로서 내 삶을 선택하고 주도하며 또 그런 존재로 설 수 있도록 손잡고 이끌어 주는 사람이 되고 싶다."

- 장○정 교사 -

"존재 코칭을 체험한 뒤에 깨달았다. 내 자신이 얼마나 많은 역할 자아 속에서 감정과 생각들을 '나'라고 여기며 살아왔는지를. 학교에서는 교사, 집에서는 부모, 밖에서 사회인으로 살면서 얼마나 해소되지 않는 갈증에 배우고 연마하고 그렇게 그렇게 나를 갈아 넣고 있었는지. 어쩜 나는 간절하게 기다리고 있었다. "아. 사랑이구나." 뭘 하지 않아도 소중한 존재, 그 자체로 귀하고 귀한 존재라는 느낌이 온몸을 훑었다. 이 순간을 결코 놓치고 싶지 않았다. 몸은 흥분되었고 손가락은 떨렸지만 기록하고 다듬었다. 코칭 안에서 무수히 많은 '나'를 만난다. 하나인 줄만 알았던 내가 이렇게 많을 수 있다니……. 새로운 파트너를 만날 때마다 '나'에 새로 이름을 붙여 주고 보지 못했던 나에게 이름을 불러 준다. 새롭게 태어난 내가 나를 감싸고 든든한 지지자로 곁에 존재함을 느낀다. 코칭 실습을 할수록 내가 생각했던 나 이상의 존재가 보인다."

- 김○진 교사 -

2) 둘째, 나-의미 소외에서 나-의미 연결로 성장!

나-의미 소외는 좀 더 본질적인 것으로 세상으로부터 분리되는 존재를 의미한다. 삶의 의미를 찾을 수 없는 순간에 느끼는 깊은 외로움과 소외감이다. 진정한 나 자신과 분리되는 상태로 이러한 실존적 소외는 자기 고유성, 자신을 잃어버리고 인간다움을 포기하는 방향으로 이어진다. 이러한 상태를 탈인간화라 한다. 탈인간화는 자기가 원하는 삶, 주체적 삶을 잃어버렸기에 실존적 삶이 아니다. 하지만 자신이 탈인간화 되었음조차도 인식하지 못할 수 있다.

인간 실존의 목적과 방향성이 의미다. 인간의 실존에는 궁극적 의미가 있고, 일차적인 목표는 삶의 의미를 찾는 것이다. 의미에 대한 인식은 개인과 세계에서 일어나는 사건을 해석하는 방법을 제공하며, 인간이 어떻게 살기를 바라는지에 대한 가치를 발견할 수 있다. 따라서 의미 추구 인식은 교사 자신이 교육자의 삶이 가지는 가치를 발견하게 되고, 궁극적인 의미, 특별한 소명을 찾게 했다.

우리는 몸, 마음, 영혼을 가진 전인적 존재이다. 자기 초월적인 WHY(삶의 이유, 의미)를 가질 때, 지루하고 불편한 문제를 푸는 HOW(문제, 현실)를 견뎌 낸다. 우리는 의미를 가진 존재다. 나는 내 분야로 이 세상을 보다 의미 있게 바꿀 수 있다는 나 자신을 초월하는 신념, 그리고 행동들이 모두 의미가 있다는 것을 인지할 때, 우리는 다양한 환경 신호 앞에서 단단해질 수 있고, 의미 있는 변화를 만들어 낼 수 있다. 또 100억분의 일의 성공(Black Diamond)은 차단(Block)과 깊은 이해(Deep)에서 온다고 말한다. (『하버드 1%의 비밀』)

"나와 상대가 손을 잡고 목적지까지 가면서 함께 춤을 추는 것과 같았다. 들었다 스킬 너머의 존재를 만나는 체험이 무엇인지 이제 가슴으로 나는 안다. 멘티 선생님이 만족스러운 일상에서조차도 한 발 내딛을 수 있는 실천 포인트를 함께 만나는 기쁨이 좋다. 아직 코치로서 고객을 만나는 기술은 많이 서툴지만 특별하고, 고유한 한 존재를 만나는 체험이 매번 벅차다."

- 김○경 교사 -

"'질투는 내가 아니구나.' 코칭 안에서 나를 새롭게 해석하며, '참 나'를 만난다. 나는 얼마나 자동화된 생각과 감정을 나라고 인식하며 살아온 걸까? 나는 얼마나 나를 알고 있는 걸까? 코

칭 안에서 만나는 분들은 책 한 권이었던 나를 재해석하게 해
서 수십 권의 또 다른 책을 보게 한다. 그래서 어떤 분을 만나
던 그분의 경험과 통찰이 새로운 나를 만나게 할 것임을 안다.
코칭 안에서는 모든 만남의 순간이 새롭고 소중하다. 이제야,
사람이 참 특별하다는 것을 체험한다. 그리고 깨닫는다. 존재
를 만나는 이 체험의 시간이 얼마나 소중한지를……. 지금 여
기에 내가 살아 있음을 느끼며, 서로 공명하는 만남, 다른 시
간, 공간이었다면, 어쩌면 만나지 못했을 이 인연이 너무 소중
하고 감사하다."

- 김○진 교사 -

3) 셋째, 나-나 코치에서 나-너 존재 코치로 성장!

하버드대 테니스부 주장이었던 골웨이(Gallwey, W. Timothy)는 테
니스를 지도하는 과정에서 학습과 코칭의 새로운 방법을 발견했다. 바
로 이너 게임(Inner Game)의 원리다. 그는 이너 게임의 원리를 콜센터
상담원, 음악가, 골프, 스키 등 다양한 장면에 적용해 그 효과를 검증하
였고, 코칭에도 많은 영향을 주었다.

이너 게임은 인간을 '가능성의 존재'로 본다. 그는 테니스를 코칭하
면서 테크닉(technic)이나 기술(skill)을 가르치는 것보다, 인간의 엄청
난 잠재력 발휘를 방해하는 내면의 목소리를 차단하는 것이 더 중요
하다는 것을 발견했다. 골웨이는 이너 게임의 3요소를 인지, 신뢰, 선

택으로 정의했으며, 상황의 핵심 변수를 찾아 거기에 집중하는 방법을 알렸다.

티머시 골웨이는 우리의 내면에서는 지속적인 대화가 일어난다고 본다. 자신에 대해 통제하는 셀프 1의 소리와 듣기만 하고 아무 응답 없는 셀프 2의 소리가 있다. 셀프 1의 지시와 명령이 차단될 때, 오히려 원하는 것에 오롯이 집중하게 되고, 더 빠르게 상황을 학습했다. 셀프 1, 평가, 판단을 멈추고 비평가적으로 인지하는 것, 이너 게임의 원리이다.

나나 만남을 통해 셀프 1(Self 1)을 알아차리게 될 때, 비로소 아우터(outer) 게임에서 이너(inner) 게임이 시작된다. 코치의 전문성을 지식, 능력, 의식 전문성으로 나눌 때, 우리는 지금까지 지식과 능력에 집중했다. 하지만 세월이 흐를수록 교사 이직률은 높아지고 교직 효능감이나 자존감이 낮아지고 있는 현실이다. 하지만 교사들이 나나 만남을 통해 자신의 불편한 생각, 감정, 욕구, 신념을 알아차리고, 수용하게 된 후 진정한 나너 만남 체험을 하게 되었다. 이 존재 체험을 먼저 한후 코칭 체험을 했을 때 교사들은 미운 오리가 때가 되어 백조가 되는 날을 맞이한 것처럼, 마치 준비된 날개를 달고, 하늘도 날아오르는 듯 코칭 과정의 매 순간을 기뻐했다.

"질문의 힘을 정말 크게 느꼈다. '그 순간을 자연물로 표현한다면?', '선생님의 언어로 표현한다면?' 질문을 따라 대답을 하다

보면 어느덧 내 경험에 색이 칠해지기 시작한다. 좋았던 일, 나빴던 일처럼 단순화되었던 내 경험이 아주 곱게 채색이 되어 다시 내게 선물이 되었다. 질문은 내 경험을 다시 체험하게 했고, 나만의 언어를 만들어 주었다. 그리고 이렇게 생긴 나의 말이 나의 내러티브가 되었고, 나의 실존적 불안으로부터 나와 한 발 한 발 삶을 향해 내딛을 작은 용기가 되었다. 가장 큰 선물은 내 안의 사랑의 힘을 확신하게 되었다는 것이다. 사랑과 현존의 힘은 내가 누군가에게 배운 것이 아니고 원래 나에게 있었음을 깨달았다. 그것은 결코 변하지 않은 힘이고 그 자체가 나라는 것을 말이다."

- 김○경 교사 -

"2021년에는 그 보배로운 눈길로 학급의 25명 전원에게 'GROW 코칭'을 해 주면서 25개의 우주를 만나는 경험을 했다. 살아온 삶의 무게만큼 아이들이 가진 어려움이 다 다르기 때문에 아이들이 원하는 주제로 만나고 싶었다. 학생들이 각자 원하는 주제를 미리 써서 내면 그것에 맞는 코칭 도구와 방법을 미리 준비해 갔다. 한 학생당 1~2시간의 코칭을 하면서 알 수 있었다. 25명 모두 다 다른 삶의 내력을 지녔으며 그 삶의 내력을 듣고 나서는 그 학생이 특별하게 느껴지지 않을 수가 없다는 것을 말이다. 모두 다 특별하고 소중하게 느껴졌다. 놀라운 것은 1~2시간 오로지 그 학생의 이야기에 집중해 주고 해결 방법을 같이 탐구했을 뿐인데, 학생들이 매우 평온해졌다. 무엇보다 자신이 선택해야 할 것을 금세 알아차렸다."

- 장○정 교사 -

평생 내 삶에서 배운 것은 사랑 체험이 갖는 파워다. 앞으로의 삶의 화두이기도 하다. 내 안에서 가장 강력한 힘이기 때문이다. 지난 1년여 교사성장학교의 코칭의 지향점은 바로 이것이다. 가슴 뛰는 삶, 좋은 교사, 나다운 삶을 살기 위해 무엇에 집중해야 할까? 나는 20여 년을 지식, 능력에 대해 집중했었고, 홀로 처절히 실패했었다. 결국 길을 못 찾아 헤맨 후 좋은 교육의 길이 전문적 심리학적 지식, 프로세스, 노하우에서 나오지 않음을 깨달았다. 인간은 그 어떤 지식, 심리학으로 대체할 수 없는 영적 존재이기 때문이다. 이 교사들과의 1년여 여정은 사람이 가지고 있는 원래의 존재 파워를 믿고, 그것을 충분히 체험하게 하는 것이, 가슴 뛰는 존재 코치로의 성장 여정임을 나는 다시금 뜨겁게 확신했다.

영적 존재는 사랑이라는 근원 파워로 밖에는 해석할 수 없고, 이해할 수 없는 지향점을 이미 가지고 이 세상에 온다. 소중한 영적 존재, 한 존재를 향한 사랑의 체험, 그의 삶의 궤적에 따른 존재 방식을 사랑의 눈으로 만나주는 시간의 존재 체험이 지식, 스킬보다 먼저 임을 나는 이번 존재 코칭에서도 확실히 확인했다. 나에게 코칭은 '영감'이다. 영적 존재와 영적 존재가 만나 느끼고, 공명하고, 감동하는 파트너십이다.

코칭은 한 존재에 대한 사랑이다. 사랑은 시간과 주의력을 통해 전달된다. 교사들은 교실에서 아이들의 강력한 코치다. 소중한 몸, 마음, 영혼에 영향을 주는 내면 코치, 존재 코치다. 그동안 교사들은 아이들의 강력한 코치로서 살아왔는가? 교사는 아이들의 코치로서 어디에 시간을 많이 써 왔는가? 교사 코치들은 지금까지 교육 지식, 교육 스킬, 의식(영적) 전문성 중 당연히 지식과 스킬에 중점을 두었다. 그 사이 우리나라의 청소년 행복도는 OECD 국가 중 최하위가 되었다. 참으로 안타까운 현실이다. 이제 학교는 어린 생명을 보듬는 진정한 교사 코치의 성장을 지원해야 한다. 더 이상 미룰 수 없을 정도로 우리 아이들의 삶이 힘들다.

20여 년을 교육자로 살며 좋은 교육자가 되고 싶었지만, 수없는 교육 실패를 경험했다. 그 시간을 거쳐 이제 나는 학교 교육이 아이들의 생활지도가 상담심리 베이스에서 이제는 코칭 베이스까지 확장되어야 함을 확실히 안다. 나는 상담심리 전공으로 평생 심리학을 연구했다. 그런 내가 코칭에서 교육의 궁극의 지향, 답을 확신하게 된 이유는 무엇인가? 아직은 발달 과정 안에 있어 부족한 아이의 몸, 마음, 영혼이 성장하도록 돕는 것이 교육이 아니다. 마이너스를 플러스로 만드는 것이 교육이 아니다. 마이너스를 전제로 하는 출발은 다시 마이너스가 기본이 된다. 외적 동기, 회피 동기를 자극하는 일에 집중하게 된다. 교육은 이미 있는 보이지 않는 것을 발현하도록 하는 일이다. 보이는 것을 믿는 것을 믿음이라 하지 않는다. 우리는 이미 영적 존재로 보이는 게 다가 아닌 가능성, 창의성, 특별성을 가지고 이 세상에 온 존재다. 보이지 않는 것을 더 많이 품고 온 영적 존재인 것이다.

내가 체험한 코칭은 보이고 검증 가능한 과학, 법칙을 넘어서는 무한한 영적 존재로 인간을 만날 수 있는 유일한 통로였다. 코칭은 한 인간이 가지고 이미 가지고 있는 보이지 않는 파워를 믿어 주는 믿음이었고, 그것은 가장 강력한 존중이자 사랑이었다. 나에게 코칭은 존재 사랑의 실천 행위이며 통로였다. 나의 간절한 소망은 전 교사가 한 아이의 보이지 않는 힘을 믿어 주는 일, 한 생명을 영적 존재로 바라보고, 코칭하는 삶, 나날이 아이와 함께 성장하며 자신 안의 존재 코치를 체험하는 코칭 문화를 확산하는 일이다. 그 어떤 교육 방법, 스킬보다 50만 교사 한 명, 한 명이 얼마나 강력한 존재 코치인지 나는 믿는다.

나는 교단의 코칭 문화를 확대하는 일이 오랜 시간 교육자로 살아온 나의 소명임을 나날이 깨닫고 있다. 내가 할 일은 코칭 원리, 지식, 질문, 경청, 피드백 스킬을 넘어서서 더 많은 교사들을 사랑 체험, 존재 체험으로 안내해, 코치로 성장하도록 안내하는 것이라 믿고 있다.

이 1년여 시간 동안 진행되었던 존재코칭은 나의 소망을 가설로 설정해 진행한 재능 기부 존재 코칭 실험이었고, 그 가설은 나의 예상과 일치했고, 유의미한 결과로 종료되었다. 그 어떤 코칭 스킬, 코칭 지식을 배우고 익혀도 존재 체험이 먼저라는 것을 교사들이 눈물로 고백했고, 함께 체험했고, 가슴을 열어 성찰했다. 수많은 교사들이 존재 대 존재 만남 체험 중에 저절로 경청, 공감, 피드백을 눈빛으로, 눈물로, 웃음으로 벅찬 목소리로 표현하는 것을 본다. 한 교사의 힘은 지식, 스킬보다 강력하다. 존재 체험, 사랑 체험하러 이 세상에 온 우리, 코칭의 근원 파워는 내 안의 사랑이다.

"한 교사는 생명을 살리는 존재 코치다."

"내 안에는 대체 불가 사랑 코치가 있다."

··· **권영애**

사람&사랑연구소㈜ 소장, 교육학(상담심리)박사. ㈔한국코치협회 KPC, 심리극디렉터, 감정코칭전문가, Attunement practitioner, 전 초등 교사. ㈔한국버츄프로젝트 이사, 바인그룹㈜ 교육이사, 버츄리더성장학교 대표. 동화세상에듀코의 청소년 1:1 인성코칭 서비스, 〈마음키움코칭〉 프로그램, ㈔한국코치협회의 ACPK 인증 기초, 심화, 역량1, 2 프로그램 'MIND-CODE 존재코칭 Basic', 'MIND-CODE 존재코칭 Plus', 'MIND-CODE 존재코칭 자기인식', 'MIND-CODE 존재코칭 자기관리' 과정 80시간, '버츄프로젝트' , '마음COAT' 교원직무연수 60강, '단계별EQ향상', '교육부 인성교육', '평화감수성향상' 프로그램 등을 개발했다. 연구개발로 '교육부장관상' 3회, 전국현장연구대회 '푸른기장상', '행복한교육실천상'을 수상했다. 교육심리전문가로 KBS 〈강연 100도씨〉, 〈생방송 토요일입니다〉, 〈김홍성정보쇼〉, 〈라디오전국일주〉, SBS 〈한수진이 만난 사람〉 등에 출연했다. 저서로 『그 아이만의 단 한 사람』, 『버츄프로젝트 수업』, 『마음에도 옷이 필요해 마음 추운 날, 마음코트』와 공저 『미래에게 묻고 삶으로 답하다』가 있다.

홈페이지: https://www.humanandlove.com
블로그: https://blog.naver.com/jjayy
이메일: jjayy@naver.com
페이스북: https://www.facebook.com/happyssam
인스타: https://www.instagram.com/55happymentor

청소년·부모·교사
실전코칭

ⓒ 조수연, 손미향, 유현심, 이영실, 변익상, 남상은, 성금자, 권영애, 2022

초판 1쇄 발행 2022년 11월 1일

지은이	조수연 손미향 유현심 이영실 변익상 남상은 성금자 권영애
펴낸이	김영철
펴낸곳	동화세상에듀코
편집위원	안남섭 서재진 김경화
주소	서울 동대문구 왕산로 25
전화	02)3668-5300
팩스	02)3668-5400
이메일	educo@educo.co.kr
홈페이지	www.educo.co.kr

ISBN   979-11-6661-041-7 (13190)